패턴 의 법칙

인도네시아어 첫걸음

패턴의 법칙
인도네시아어 첫걸음

초 판 인 쇄	2022년 10월 10일
지 은 이	플로리안 후타갈룽(Florian Hutagalung)
	데위 실비아 리아디나(Sylvia Riadina Dewi)
펴 낸 이	임승빈
편 집 책 임	정유항, 김하진
편 집 진 행	이승연
디 자 인	다원기획
마 케 팅	염경용, 이동민, 이서빈
펴 낸 곳	ECK북스
주 소	서울시 마포구 창전로2길 27 [04098]
대 표 전 화	02-733-9950
홈 페 이 지	www.eckbooks.kr
이 메 일	eck@eckedu.com
등 록 번 호	제 2020-000303호
등 록 일 자	2000. 2. 15
I S B N	979-11-6877-021-8
정 가	18,000원

패턴의 법칙 인도네시아어 첫걸음

플로리안 후타갈룽(Florian Hutagalung)
데위 실비아 리아디나(Sylvia Riadina Dewi) 지음

지은이의 말

    어느새 『The 바른 인도네시아어 Step 1』이 출간된 지도 8년이 되었습니다. 8년 동안 『The 바른 인도네시아어 Step 2』, 『New The 바른 인도네시아어 Step 1』, 『New The 바른 인도네시아어 Step 2』 등의 기초 및 초·중급 인도네시아어 교재들을 추가로 출간하면서 학습자의 입장에서 조금이라도 더 쉽게 인도네시아어를 학습할 수 있도록 많은 고민과 연구를 거듭했습니다.

    출간된 교재들은 시간적 여유가 있고 문법적인 정확성을 목표로 차근차근 단계를 밟아가고 싶은 학습자들이 선호하는 교재라면, 『패턴의 법칙 인도네시아어 첫걸음』은 짧은 시간 안에 인도네시아어를 배워서 활용하기를 원하는 학습자들을 위한 교재라고 볼 수 있습니다. 이러한 학습자들에게 필요한 것은 'Speed'입니다. 짧은 시간 안에 다양한 문장을 배우고 활용하는 것이 주목표인 학습자들을 위해서 인도네시아어 강사 동료인 실비아 선생님과 수십 번의 브레인스토밍을 진행한 결과 『패턴의 법칙 인도네시아어 첫걸음』을 출간하게 되었습니다.

    『패턴의 법칙 인도네시아어 첫걸음』은 기초 단계부터 난이도 별로 구성하여 쉽고 빠르게 언어를 습득할 수 있도록 하였으며, 비슷한 문법 구조인 패턴들을 모아서 학습자들이 헷갈릴 수 있는 예외 사항들에 주의했습니다. 또한 패턴뿐만 아니라 언어에 포함되어 있는 인도네시아의 문화도 함께 배울 수 있습니다. 인도네시아어를 학습하는 학습자분들과 강사분들에게 유익하고 도움이 되는 교재가 되기를 바랍니다.

    끝으로 이 교재를 끝까지 출판할 수 있도록 도와주신 ECK교육의 임승빈 대표님과 모든 임직원 여러분께 감사의 마음을 전하고 싶습니다. 교재 편집에 힘써 주신 이승연 실장님과 이 교재를 집필하는 데 많은 도움과 정신적 응원을 해주신 실비아 선생님께도 감사와 경의를 표합니다. 끝까지 버텨낼 수 있었던 것은 함께 집필하는 동료가 있기 때문이라고 생각합니다. 다시 한번 감사합니다. Terima kasih.

저자 플로리안 후타갈룽
Penulis **Florian Hutagalung**

외국인과 대화할 때 문법에 맞춰서 정확한 표현으로 대화한다면 의사전달은 정확한 반면, 문법에 신경 쓰며 정확한 문장을 구사하기 위해서 말하는 속도가 느려진다는 단점이 있습니다. 빠른 사회 변화 속에서 정보 전달 속도가 절실한 현대 사회에서는 문법이 다소 정확하지 않더라도 빠른 의미 전달과 맥락 파악이 의사소통에 있어서 중요한 비중을 차지하고 있기 때문에 최근 외국어 학습자들은 문법 중심보다 유창하게 말할 수 있는 것에 그 목적을 두고 있습니다. 문법에 집착하기보다 현지인들이 많이 사용하는 문장 패턴과 표현들로 유창성을 확보한 후 정확한 문장을 구사할 수 있도록 문법 공부를 시작해도 늦지 않습니다.

최근 다양한 이유로 인도네시아어를 배우는 사람들이 늘어나고 있습니다. 그중 대부분이 현지에서 유창한 소통을 목적으로 하기 때문에 학습 목적 및 교육 방향이 예전의 주입식 방법에서 실생활 교육 방식으로 변화하고 있습니다.

『패턴의 법칙 인도네시아어 첫걸음』은 가장 기초적이고 사용 빈도 높은 패턴들을 분석하고 각 문장이 어떠한 뉘앙스를 내포하고 있는지를 연구하여 상황에 맞는 명사, 동사, 형용사를 사용해서 새로운 문장을 말할 수 있도록 준비했습니다. 또한 현지인들이 자주 사용하는 문장 패턴을 중심으로 문장 안에 내포되어 있는 기본 문법을 함께 공부할 수 있도록 하여 자연스러운 언어 학습을 유도했습니다.

끝으로 이 교재를 출판할 수 있는 기회를 주신 ECK교육 임승빈 대표님과 임직원분들을 비롯하여 편집에 많은 도움을 주신 이승연 실장님, 함께 집필해 주신 플로리안 선생님께 진심으로 감사의 인사를 전합니다. 이 책이 완성되기까지 많은 격려와 의견을 주신 인도네시아로 파견되는 저의 수강생분들에게도 감사와 경의를 표합니다. 강사로서 그리고 인도네시아인으로서 오히려 제가 여러분에게 더 많이 배우는 귀중한 시간이었습니다. 감사합니다. Terima kasih.

저자 데위 실비아 리아디나
Penulis **Sylvia Riadina Dewi**

이 책의 구성과 특징

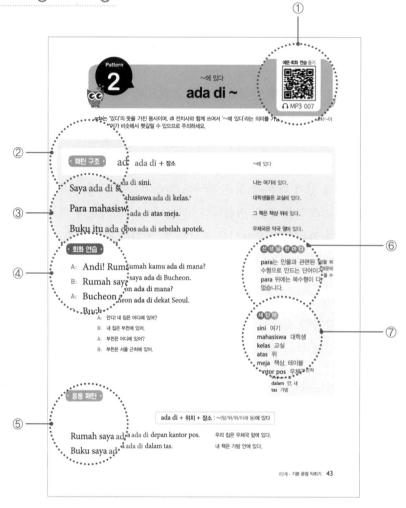

1단계 : 기본 문장 익히기

처음 언어를 시작하는 기초 단계로, 기본 문장으로 짧고 간단하게 표현할 수 있는 기초 패턴을 학습합니다.

2단계 : 짧은 문장 익히기

짧은 문장으로 의문사, 조동사, 빈도 부사 등을 활용한 패턴을 학습합니다. 시제 없이 말하는 방법과 부정문도 함께 알아봅니다.

3단계 : 긴 문장 익히기

1, 2단계를 응용하여 문장의 연결을 학습하는 단계입니다. 동사/형용사와 동사가 만났을 때의 다양한 표현도 함께 알아봅니다.

4단계 : 회화로 대화하기

1, 2, 3단계를 응용하여 일상생활에서 사용할 수 있는 회화를 학습하는 단계입니다. 간단한 인사 표현부터 시간과 상황별 표현 패턴 등을 알아봅니다.

예문·회화 연습 듣기
🎧 MP3 007

QR 코드
스마트폰으로 QR 코드를 찍어 보세요.
패턴을 활용한 문장을 원어민의 발음으로
들을 수 있습니다.

• 패턴 구조 • ada di + 경

• 패턴 구조 • 패턴의 표현 구조입니다.
구조 형식에 맞춰 단어를 조합할 수
있도록 패턴을 공식화했습니다.

Saya ada di sini.

Para mahasiswa ada

• 패턴 예문 • 패턴 구조를 응용한 예문입니다.
어떤 형식의 표현으로 사용되는지
예문을 통해 빠른 이해를 도와줍니다.
QR 코드를 스마트폰으로 찍어서 원어
민 발음도 함께 익혀 보세요.

• 회화 연습 •

A: Andi! Rumah kan

B: Rumah saya ada d

• 회화 연습 • 패턴 구조와 패턴 예문을 응용해서
회화에 적용해 보는 코너입니다. 일상
회화에 적용되는 자연스러운 표현을
알아봅니다.

• 응용 패턴 •

Rumah saya ada di dep

Buku saya ada di dalar

• 응용 패턴 • 패턴의 대체 표현 또는 비슷한 표현
을 알려줍니다. 응용 패턴으로 다양한
표현을 함께 알아봅니다.

선생님 한마디

para는 인물과 관련된 낱말을 복
수형으로 만드는 단어이기 때문에
para 뒤에는 복수형이 다시 올 수
없습니다.

선생님 한마디 패턴 학습에 필요한 저자 선생님의
시크릿 팁(Secret Tip)을 알려줍니다.
학습 능력을 높여 보세요.

새 단어

sini 여기
mahasiswa 대학생
kelas 교실

새 단어 문장의 빠른 이해를 돕기 위한 단어들
을 품사와 함께 알려줍니다.

MP3 다운로드 방법
본 교재의 MP3 파일은 www.eckbooks.kr에서 무료로 다운로드 받을 수 있습니다.
QR 코드를 찍으면 다운로드 페이지로 이동합니다.

| Contents |

단계 1 기본 문장 익히기

1장 기본 문장으로 말하기

2장 전치사로 말하기

·3장· 형용사로 말하기

단계 2 짧은 문장 익히기

·4장· 의문사 활용하기

5장 조동사 활용하기

6장 빈도 부사 활용하기

7장 시제 없이 시간 표현하기

단계 3 긴 문장 익히기

4 회화로 대화하기

·13장· 인사하기, 감사하기, 사과하기

·14장· 소개하기

21장 가는 길에서

예비과

1 인도네시아와 인도네시아어

인도네시아의 공식 명칭은 『인도네시아 공화국(Republik Indonesia)』입니다. 인도네시아는 세계에서 섬이 가장 많은 섬나라이며, 면적은 세계 14위로 한국의 19배가 넘습니다. 인구는 세계 4위로 약 272,682,500명(2021년 기준)입니다. 인도네시아는 300개 이상의 민족으로 구성되어 있어서 서로 다른 700개 이상의 언어를 사용하고 있습니다. 서로 소통이 되지 않는 언어를 사용하고 있기 때문에 공통어인 '인도네시아어(Bahasa Indonesia)'를 사용하고 있습니다. 서양과 동양을 연결하는 바다 사이에 위치한 지리적 특성으로, 예로부터 인도, 아랍, 중국 등의 상인이 인도네시아를 거치면서 많은 영향을 미쳤고 1945년 독립 전까지 다양한 나라의 식민을 받으면서 산스크리트어, 아랍어, 포르투갈어, 네덜란드어, 중국어 등에서 빌려 쓴 어휘들이 많아지게 되었습니다. 인도네시아어는 말레이시아, 브루나이, 싱가포르 등에서 사용하고 있는 말레이어(Bahasa Melayu)와 비슷하고 의사소통도 가능하지만 같은 언어는 아닙니다.

● 문장 구조

인도네시아어의 어순은 영어와 같이 『주어-서술어-목적어』입니다. '나는 밥을 먹습니다.'를 인도네시아어 어순으로 하면 '나는 먹습니다. 밥을'이 됩니다. 부사어가 있는 경우에는 기본적으로 부사어가 맨 뒤에 위치합니다. 그러나 경우에 따라서 부사어는 문장 맨 앞 또는 문장 한가운데에 위치할 수도 있습니다.

Saya	makan	nasi.		나는 밥을 먹습니다.
주어	서술어	목적어		

Saya	makan	nasi	di dapur.	나는 주방에서 밥을 먹습니다.
주어	서술어	목적어	부사어	

Kemarin	saya	makan	nasi.	나는 어제 밥을 먹었습니다.
부사어	주어	서술어	목적어	

● 어순

인도네시아어의 어순, 즉 낱말들의 순서는 한국어와 다릅니다. 인도네시아어의
어순적인 특징을 알아봅시다.

(1) 수식어

① 명사를 수식하는 경우, 수식하는 말은 '명사' 뒤에 위치합니다.

orang baik	좋은 사람
baju baru	새 옷
rumah putih	하얀 집

② 형용사를 수식하는 경우, 수식하는 말은 '형용사' 앞에 위치합니다.

sangat **besar**	매우 크다
agak **kecil**	약간 작다
terlalu **manis**	너무 달다

③ 동사를 수식하는 경우, 수식하는 말은 '동사' 앞에 위치합니다.

banyak **makan**	많이 먹다
selalu **tidur**	항상 자다
sering **datang**	자주 오다

(2) 소유

소유주는 소유되는 물건 뒤에 위치합니다.

buku saya	나의 책
nama Anda	당신의 이름
anjing Siti	시띠 씨의 강아지

(3) 숫자와 수량사

숫자와 수량사의 어순은 「숫자 – 수량사 – 명사」입니다.

dua orang anak   아이 두 명

tiga ekor kucing   고양이 세 마리

sebuah apel*   사과 한 개

* '하나'는 인도네시아어로 satu라고 하지만, 수량사 앞에 오는 경우 'se-' 접두사로 축약됩니다.

(4) 지역 표기

한국어의 지역 표기는 '큰 범위에서 작은 범위'로 말하는 반면, 인도네시아어는 작은 범위에서 시작하고 낱말 사이에 쉼표(,)를 찍습니다.

한국   : 서울시 종로구 동숭동

인도네시아 : Dongsung-dong, Jongno-gu, **Seoul**

한국   : 동부 자카르타시 뿔로가둥

인도네시아 : Pulo Gadung, **Jakarta Timur**

(5) 날짜

인도네시아어의 날짜는 「일 – 월 – 년」 순서로 말합니다.

한국   : 2019년 1월 1일

인도네시아 : 1 **Januari** 2019

한국   : 1945년 8월 17일

인도네시아 : 17 **Agustus** 1945

한국   : 1990년 7월 3일

인도네시아 : 3 **Juli** 1990

● 대문자와 소문자

인도네시아어는 대문자와 소문자를 함께 사용합니다.

① 문장의 첫 문자는 대문자로 씁니다.

Saya orang Korea.	나는 한국인이다.
Itu buku saya.	그것은 내 책이다.

② '사람의 성, 이름, 요일, 월' 등과 같은 이름들은 항상 대문자로 쓰지만, 음식 이름은 소문자로 써야 합니다.

Nama saya Sri Budi.	내 이름은 스리 부디이다.
Hari ini hari Senin.	오늘은 월요일이다.
Bulan depan bulan Februari.	다음 달은 2월이다.
Saya suka kimci.	나는 김치를 좋아한다.

③ 대화 상대를 높인다는 표시로 2인칭 대명사를 대문자로 씁니다.

Siapa nama Anda?	당신의 이름은 뭐예요?
Selamat pagi, Pak Adi.	좋은 아침이에요, 안디 씨.
Terima kasih, Bu.	선생님, 감사합니다.

④ 약자를 표기할 때 이니셜처럼 단어의 첫 글자만을 쓰는 경우에는 모두 대문자로 쓰고 한 글자와 음절의 결합인 경우에는 약자의 첫 글자만 대문자로 씁니다.

SD	→	Sekolah Dasar	초등학교
Pramuka	→	Praja Muda Karana	(보이/걸)스카우트

● 시제

인도네시아어의 가장 흥미로운 점은 바로 <u>시제가 없다</u>는 점입니다. '나는 먹습니다', '나는 먹었습니다', '나는 먹을 겁니다'라고 할 때 인도네시아어는 동일하게 'Saya makan.'이라고 합니다. 시제가 없기 때문에 대화의 문맥으로 사건 또는 상태가 언제 일어났는지를 판단합니다. 굳이 시제를 말해야 된다면 '어제', '이따가', '나중에', '예전에' 등과 같은 시간 부사어를 붙이면 됩니다.

A: Kamu sudah makan?*   밥 먹었어요?

B: Ya, sudah.   네, 먹었어요.

A: Kamu makan apa?   무엇을 먹었나요?

B: Saya makan nasi goreng.   나시고렝을 먹었어요.

* sudah를 과거시제로 오해하는 경우가 있습니다. 그러나 sudah는 'Kamu makan apa?(무엇을 먹었나요?)'와 같이 모든 과거형 문장에 쓰이지는 않기 때문에 시제가 아닌 단순한 '조동사'와 같은 문장 요소입니다. 108p. 참고

2 인도네시아어의 문자와 발음

알파벳 녹음 듣기

🎧 MP3 001

인도네시아어는 말레이시아와 필리핀의 타갈로그어와 같이 영어와 동일한 알파벳을 사용합니다. 영어나 스페인어 등과 같은 서유럽 언어들처럼 로마 문자를 사용하기 때문에 알파벳을 알고 있는 누구나 쉽게 인도네시아어를 익힐 수 있습니다.

문자	음가	명칭	문자	음가	명칭
A a	[ɑː]	a 아	N n	[n]	en 엔
B b	[be]	be 베	O o	[ɔ], [o]	o 오
C c	[c], [tʃ], [tɕ]	ce 쩨	P p	[p]	pe 뻬
D d	[d]	de 데	Q q	[q]	ki 끼
E e	[e], [ɛ], [ə]	e 에	R r	[r]	er 에르
F f	[f]	ef 에프	S s	[s]	es 에스
G g	[g]	ge 게	T t	[t]	te 떼
H h	[h]	ha 하	U u	[u]	u 우
I i	[i]	i 이	V v	[f]	ve 페
J j	[dʒ], [dz]	je 제	W w	[w]	we 웨
K k	[k]	ka 까	X x	[ks], [s]	eks 엑스
L l	[l]	el 엘	Y y	[j]	ye 예
M m	[m]	em 엠	Z z	[z]	zet 젯

● 단모음

단모음 녹음 듣기
🎧 MP3 002

인도네시아어의 모음은 5자로 되어 있지만, 소리는 6개입니다.
/e/ 글자는 2개의 소리를 가지고 있습니다.

Aa	한국어의 'ㅏ'와 같이 발음합니다.	apa, saya
Ee	한국어의 'ㅔ'와 같이 발음합니다	enak, meja
	한국어의 'ㅡ'와 'ㅓ' 중간 발음을 합니다.	empat, belajar
Ii	한국어의 'ㅣ'와 같이 발음합니다.	ini, lima
Oo	한국어의 'ㅗ'나 'ㅓ'와 같이 발음합니다.	obat, motor
Uu	한국어의 'ㅜ'와 같이 발음합니다.	umur, satu

● 이중모음

이중모음 녹음 듣기
🎧 MP3 003

모음을 연달아 발음하는 경우를 '이중모음'이라고 합니다. 그러나 인도네시아어는 연달아 발음하는 모음을 모두 이중모음이라고 하지는 않습니다. 인도네시아어의 이중모음은 5가지의 종류가 있습니다.

ai	한 음절에 /a/와 /i/를 이어서 발음합니다.	pantai, pandai
au	한 음절에 /a/와 /u/를 이어서 발음합니다.	pulau, saudara
ei	한 음절에 /e/와 /i/를 이어서 발음합니다.	geiser, survei
eu	한국어 /으/로 발음합니다.	sadeu, seudati
oi	한 음절에 /o/와 /i/를 이어서 발음합니다.	amboi, boikot

● 단자음

단자음 녹음 듣기 MP3 004

인도네시아어의 자음 소리는 이탈리아어나 독일어와 비슷하게 발음되지만 몇 가지의 발음은 조금 다릅니다. /r/은 영어처럼 혀를 말지 않고 이탈리아어나 스페인어처럼 많이 굴려야 합니다. 영어의 /f/는 무성음, /v/는 유성음으로 발음하지만, 인도네시아어의 /f/와 /v/는 똑같이 '무성음'으로 발음합니다. 낱말 마지막에 나오는 /f/, /h/, /r/, /s/ 등은 각 [프], [흐], [르], [스]로 발음하지 않고 그 자음을 발음한 후 기류만 내뱉으면 됩니다.

B b	한국어 '방'의 'ㅂ' 소리와 유사합니다.	baru, labu, sebab
C c	한국어 '짜다'의 'ㅉ' 소리와 유사합니다.	cacing, laci, lucu
D d	한국어 '도'의 'ㄷ' 소리와 유사합니다.	duduk, adik, murid
F f	한국어표 외래어 표기의 'ㅍ' 소리와 유사합니다.	fasih, film, maaf
G g	한국어 '간'의 'ㄱ' 소리와 유사합니다.	garam, gula, tiga
H h	한국어 '하늘'의 'ㅎ' 소리와 유사합니다.	haus, mahal, murah
J j	한국어 '족'의 'ㅈ' 소리와 유사합니다.	jam, juga, janji
K k	한국어 '까치'의 'ㄲ' 소리와 유사합니다.	kami, aku, kakak
L l	한국어의 'ㄹ' 받침 소리와 유사합니다.	lama, lalu, sambal
M m	한국어 '마음'의 'ㅁ' 소리와 유사합니다.	mau, makan, minum
N n	한국어 '누나'의 'ㄴ' 소리와 유사합니다.	nama, anak, bulan
P p	한국어 '빵'의 'ㅃ' 소리와 유사합니다.	pagi, api, lembap
Q q	한국어의 'ㄲ' 또는 'ㅋ' 소리와 유사합니다.	qari, Alquran
R r	한국어의 'ㄹ' 소리보다 혀를 더 굴려서 발음합니다.	rapi, lari, luar
S s	한국어의 'ㅅ' 또는 'ㅆ' 소리와 유사합니다.	suka, masuk, malas
T t	한국어 '땅'의 'ㄸ' 소리와 유사합니다.	tapi, satai, takut
V v	위의 /f/와 같이 발음합니다	vas, via, oval
W w	영어의 /w/와 같이 발음합니다.	wanita, waktu, lawan

X x	한국어의 'ㅅ' 또는 'ㅆ' 소리와 유사합니다.	xilofon, xenofobia
Y y	영어의 /y/와 같이 발음합니다.	ya, bayi, bayar
Z z	영어의 /z/와 같이 발음합니다.	zaman, ziarah, zodiak

● 이중자음

자음을 연달아 발음하는 경우를 '이중자음'이라고 합니다. 그러나 인도네시아어는 연달아 발음하는 자음을 모두 이중자음이라고 하지는 않습니다. 인도네시아어의 이중자음은 공식적으로 4가지의 종류가 있습니다.

이중자음 녹음 듣기

🎧 MP3 005

kh	한국어의 'ㅎ'과 'ㅋ'의 중간 소리입니다.	khusus, makhluk, akhir
ng	한국어의 'ㅇ' 받침 소리와 유사합니다.	siang, tangga, bunga
ny	한 음절에 /n/과 /y/를 이어서 발음합니다.	banyak, nyamuk, nyanyi
sy	한 음절에 /s/와 /y/를 이어서 발음합니다.	syair, syukur, khusyuk

무조건 외우자!

 인칭대명사

다양한 민족과 다양한 민족어를 가지고 있는 인도네시아의 표준 인도네시아어 인칭대명사를 익혀 보세요.

구분		인칭대명사	의미	
1인칭	단수	saya	저, 나	일반적으로 많이 쓰임
		aku	나	가족, 연인, 아주 친한 친구 사이, 같은 부서 동료
	복수	kami	우리	청자 제외한 '우리'
		kita	우리	청자 포함한 '우리'
2인칭	단수	Anda	당신, 선생님	초면인 상대 또는 높은 사람에게 쓰임
		Bapak	당신, 선생님(남)	남자인 상대를 높여 부르는 말
		Ibu	당신, 선생님(여)	여자인 상대를 높여 부르는 말
		kamu	너	가족, 연인, 친한 친구 사이, 같은 부서 동료, 부하
	복수	Anda sekalian	여러분	초면인 상대 또는 높은 사람에게 쓰임
		Bapak-bapak sekalian	여러분(남)	남자인 상대를 높여 부르는 말
		Ibu-ibu sekalian	여러분(여)	여자인 상대를 높여 부르는 말
		Bapak Ibu sekalian	여러분(남녀)	남자와 여자인 상대를 높여 부르는 말
		kalian	너희	가족, 연인, 친한 친구 사이, 같은 부서 동료, 부하
3인칭	단수	dia	그, 그녀	남자 또는 여자 상관없이 가리키는 말
	복수	mereka	그들	

초면은 아니지만 아직 친하지 않은 경우에는 saya와 kamu를 씁니다. kamu는 상대가 윗사람일 경우 절대로 쓰면 안 되기 때문에 사용에 주의해야 합니다. 대신에 Bapak 또는 Ibu를 사용하는 것이 좋습니다. 인도네시아 사람들은 친하거나 자주 보는 사이의 경우, 이름을 인칭대명사와 함께 사용하는 경우가 많으며 인칭대명사 대신 이름만 사용하는 경우도 있습니다.

(이름과 인칭대명사를 함께 사용)

A : Amir, kamu tinggal di mana?　　　아미르 씨, 어디에 살아요?

B : Saya tinggal di Bekasi.　　　　　　저는 브까시에 살아요.

(이름만 사용)

A : Amir tinggal dengan siapa?　　　　아미르 씨는 누구랑 살아요?

B : Saya tinggal dengan orang tua saya.　저는 부모님과 함께 살아요.

 지시사

인도네시아어 지시사는 2가지밖에 없습니다. 그러나 장소를 알려 주는 지시사는 한국어처럼 나누어집니다.

구분	지시사		의미
지시대명사	ini	이	화자 가까이에 있는 것을 가리킬 때 쓰는 말
	itu	그/저	화자한테서 떨어져 있는 것을 가리킬 때 쓰는 말
지시형용사	~ ini	이 ~	화자 가까이에 있는 것을 가리키면서 그 명사를 수식할 때 쓰는 말
	~ itu	그/저 ~	화자한테서 떨어져 있는 것을 가리키면서 그 명사를 수식할 때 쓰는 말
장소 지시대명사	sini	여기, 이곳	화자가 있는 곳을 가리키는 말
	situ	거기, 그곳	화자한테서 조금 떨어져 있거나 청자가 있는 곳을 가리키는 말
	sana	저기, 저곳	화자한테서 많이 떨어져 있는 곳을 가리키는 말 (자세한 설명 : 55p. '선생님 한마디' 1번 참고)

 숫자

● 기수사

인도네시아어 숫자는 단어와 단어를 결합한 숫자입니다. 그러나 11~19까지는 영어의 '~teen'처럼 따로 외워야 합니다. 또한 천 이상의 숫자는 숫자 0을 3개씩 묶어서 이름을 달리하고 한국어에서 쓰는 쉼표(,)가 아닌 마침표(.)로 구분합니다.

1	satu	11	sebelas	10	sepuluh	100	seratus
2	dua	12	dua belas	20	dua puluh	200	dua ratus
3	tiga	13	tiga belas	30	tiga puluh	300	tiga ratus
4	empat	14	empat belas	40	empat puluh	400	empat ratus
5	lima	15	lima belas	50	lima puluh	500	lima ratus
6	enam	16	enam belas	60	enam puluh	600	enam ratus
7	tujuh	17	tujuh belas	70	tujuh puluh	700	tujuh ratus
8	delapan	18	delapan belas	80	delapan puluh	800	delapan ratus
9	sembilan	19	sembilan belas	90	sembilan puluh	900	sembilan ratus
10	sepuluh	20	dua puluh	100	seratus	1.000	seribu

'10, 11, 100'에 들어간 접두사 'se-'는 사실 숫자 1(satu)을 뜻을 합니다. satu는 수량사나 숫자 앞에 오면 주로 접두사 'se-'로 바뀝니다. 그러므로 sepuluh는 '십'보다 '일십', seratus는 '일백', seribu는 '일천'이라고 해석하는 것이 좋습니다. 숫자가 클수록 satu가 'se-'로 줄여지지 않고 그대로 satu라고 하는 것이 일반적입니다.

satu (일) +		=		
	belas (십~)	=	sebelas	(십일)
	puluh (십)	=	sepuluh	(일십)
	ratus (백)	=	seratus	(일백)
	ribu (천)	=	seribu	(일천)
	juta (백만)	=	sejuta/satu juta	(일백만)
	miliar (십억)	=	satu miliar	(일십억)
	triliun (조)	=	satu triliun	(일조)

0은 주로 nol이라고 합니다. 그러나 전화번호의 경우에는 kosong이라고도 합니다.

010-1234-5678

kosong-satu-kosong satu-dua-tiga-empat lima-enam-tujuh-delapan

● 서수사

인도네시아어의 서수는 「접두사 ke- + 기수」 형태로 나타냅니다. 문어체로는 2가지 표현이 있습니다.

⑴ 숫자로 쓰는 경우, 「ke-숫자」 형태로 붙임표를 사용해서 표기합니다.

⑵ 알파벳으로 쓰는 경우, 띄어쓰기 없이 표기합니다.

1	ke-1, kesatu, pertama*	20	ke-20, kedua puluh
2	ke-2, kedua	30	ke-30, ketiga puluh
3	ke-3, ketiga	40	ke-40, keempat puluh
4	ke-4, keempat	50	ke-50, kelima puluh
5	ke-5, kelima	60	ke-60, keenam puluh
6	ke-6, keenam	70	ke-70, ketujuh puluh
7	ke-7, ketujuh	80	ke-80, kedelapan puluh
8	ke-8, kedelapan	90	ke-90, kesembilan puluh
9	ke-9, kesembilan	100	ke-100, keseratus
10	ke-10, kesepuluh	마지막	terakhir

* pertama는 한국어의 '첫째' 또는 '첫 번째'를 의미합니다.

 수량사

인도네시아어는 한국어와 마찬가지로 다양한 수량사를 사용하고 있습니다. 가장 많이
사용되는 수량사를 익혀 보세요. 85p. 참고

orang	명, 사람	'사람'을 세는 단위
buah	개	일반적으로 '물건'을 세는 단위
ekor	마리	'동물'을 세는 단위
batang	그루, 봉	둘레가 둥글고 긴 것을 세는 단위
botol	병	음료나 액체 따위가 담긴 '병'을 세는 단위
butir	톨, 알	둥글고 크기가 크지 않은 것을 세는 단위
cangkir	찻잔	음료가 담긴 '찻잔'을 세는 단위
gelas	잔	음료가 담긴 '잔'을 세는 단위
helai, lembar	장, 매, 가닥	'종이, 휴지, 합판, 머리카락' 등을 세는 단위
mangkuk	그릇	음식이 담긴 '그릇'을 세는 단위
pasang	켤레, 쌍	짝이 되는 두 개를 세는 단위
piring	접시	음식이 담긴 '접시'를 세는 단위
tangkai	송이, 자루, 묶음	꽃, 우산, 벼 등을 세는 단위

seorang teman   친구 한 명

dua ekor kucing   고양이 두 마리

tiga cangkir kopi   커피 세 잔

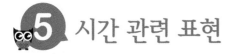 시간 관련 표현

인도네시아어의 시간 관련 표현(월, 요일, 시계 등)은 전반적으로 읽는 방법이 한국어와 다릅니다.

● 요일

월요일~일요일은 '날, 일'을 뜻하는 hari와 함께 써야 정확한 '요일'을 나타낼 수 있습니다.

Senin	→	hari Senin	월요일
Selasa	→	hari Selasa	화요일
Rabu	→	hari Rabu	수요일
Kamis	→	hari Kamis	목요일
Jumat	→	hari Jumat	금요일
Sabtu	→	hari Sabtu	토요일
Minggu	→	hari Minggu	일요일

● 월

1월~12월은 '월, 달'을 뜻하는 bulan과 함께 써야 정확한 '월'을 나타낼 수 있습니다.

Januari	→	bulan Januari	1월
Februari	→	bulan Februari	2월
Maret	→	bulan Maret	3월
April	→	bulan April	4월
Mei	→	bulan Mei	5월
Juni	→	bulan Juni	6월
Juli	→	bulan Juli	7월
Agustus	→	bulan Agustus	8월
September	→	bulan September	9월
Oktober	→	bulan Oktober	10월
November	→	bulan November	11월
Desember	→	bulan Desember	12월

● 시계

시계를 읽을 때 쓰는 표현은 다음과 같습니다.

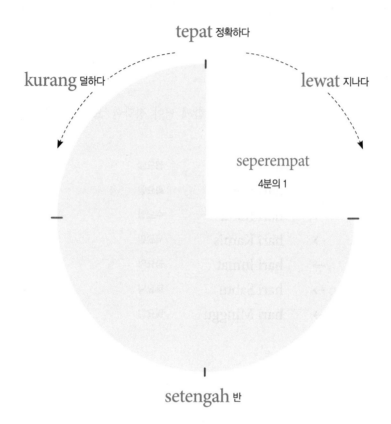

tepat 정확하다	: jam 2 tepat	2시 정각
seperempat 4분의 1	: jam 2 <u>lewat</u> seperempat	2시 15분
	jam 2 <u>kurang</u> seperempat	2시 15분 전
setengah 반	: jam setengah 3	2시 반

시계를 읽을 때는 jam 뒤에 숫자를 붙이면 됩니다. tepat은 그 시각을 '정각'이라고 강조할 때만 씁니다. 인도네시아어는 오전 또는 오후와 같은 표현이 없기 때문에 보통 pagi(아침), siang(낮, 점심), sore(오후), malam(저녁) 등을 함께 씁니다.

1:00	Jam 1 tepat.	Jam 1 pagi.
13:00	Jam 1 tepat.	Jam 1 siang.
6:00	Jam 6 tepat.	Jam 6 pagi.
18:00	Jam 6 tepat.	Jam 6 sore.

시계를 읽을 때 lewat은 '몇 분 후'라고 할 때 쓰고 kurang은 '몇 분 전'이라고 할 때 씁니다. '15분'은 인도네시아어에서 1시간의 4분의 1이기 때문에 15 menit 대신에 seperempat(1/4)이라고 하는 것이 일반적인 표현입니다.

1:15	Jam 1 lewat 15.	Jam 1 lewat seperempat.
6:15	Jam 6 lewat 15.	Jam 6 lewat seperempat.
1:45	Jam 1 lewat 45.	
	Jam 2 kurang 15.	Jam 2 kurang seperempat.
6:45	Jam 6 lewat 45.	
	Jam 7 kurang 15.	Jam 7 kurang seperempat.

'30분'은 한 시간의 반이지만 한국어와 표현이 다릅니다. setengah는 jam 다음에 바로 오고, 시간은 그다음 시간을 말합니다. 즉, '~시 반밖에 안 됩니다'라고 해석할 수 있습니다.

1:30	Jam 1 lewat 30.	Jam setengah 2.
6:30	Jam 6 lewat 30.	Jam setengah 7.

● 기타 시간 표현

자주 사용하는 시간과 관련된 표현들은 다음과 같습니다.

	과거 ◀		현재	▶ 미래	
kemarin dulu 그저께	**kemarin** 어제	**hari ini** 오늘	**besok** 내일	**(besok) lusa** (내일) 모레
2 bulan (yang) lalu 2달 전	bulan lalu 지난달	bulan ini 이번 달	bulan depan 다음 달	2 bulan lagi 2달 후
2 minggu (yang) lalu 2주 전	minggu lalu 지난주	minggu ini 이번 주	minggu depan 다음 주	2 minggu lagi 2주 후
2 tahun (yang) lalu 재작년	tahun lalu 작년	tahun ini 올해	tahun depan 내년	2 tahun lagi 내후년
dulu 예전	**tadi** 아까	**sekarang** 지금	**sebentar lagi** 좀 있으면	**nanti** 이따

위 표에서 <u>파란색 표</u>의 단어들은 전치사 **pada**와 함께 사용할 수 없습니다.

pada hari ini	오늘(에)	(O)
pada bulan depan	다음 달에	(O)
pada tahun lalu	작년에	(O)
pada <u>besok</u>	내일에	(X)
pada <u>kemarin</u>	어제에	(X)
pada <u>sekarang</u>	지금에	(X)

6 친척어

인도네시아어 친척어는 한국보다 단순합니다. 아버지와 어머니 쪽, 아버지와 어머니의 손아래 또는 손위, 남편 쪽 또는 부인 쪽 등을 따지지 않고 영어처럼 똑같이 씁니다. 자식과 형제·자매의 성별은 중요하지 않기 때문에 잘 안 쓰지만, 굳이 구분을 해야 할 경우에는 성별에 따라서 laki-laki(남자, 남성)와 perempuan(여자, 여성)을 뒤에 붙여서 성별을 나타낼 수 있습니다. 배우자 부모님의 경우에는 '장인, 장모'를 의미하는 mertua 앞에 성별에 따라서 ayah/bapak(아버지), ibu(어머니)를 붙여서 표현합니다.

kakek	할아버지, 조부	kakak sepupu	사촌 손위
nenek	할머니, 조모	adik sepupu	사촌 손아래
orang tua	부모	suami	남편
ayah / bapak	아버지	istri	아내
ibu	어머니	keponakan	조카
anak	아이, 자식	cucu	손주
kakak	손위	mertua	장인, 장모, 시부모
adik	손아래	menantu	사위, 며느리
saudara	형제, 자매, 친척	ipar	배우자의 형제, 형제의 배우자
paman	백부, 숙부, 삼촌	laki-laki	남자, 남성
bibi	백모, 숙모, 이모, 고모	perempuan	여자, 여성

anak laki-laki	아들	anak perempuan	딸
kakak laki-laki	형, 오빠	adik laki-laki	남동생
kakak perempuan	누나, 언니	adik perempuan	여동생
ayah/bapak mertua	장인, 시아버지	ibu mertua	장모, 시어머니

1단계

기본 문장
익히기

1장

기본 문장으로 말하기

인도네시아어 문장의 기본 어순은 영어와 같이 「주어-서술어-목적어-부사어」의 순서입니다. 기본 문장에 필요한 기초 패턴을 익혀 보세요.

Pattern 1

~이다

adalah ~

예문·회화 연습 듣기

🎧 MP3 006

adalah는 '~이다'라는 뜻으로 어떤 사물의 정체나 정의를 설명할 때 씁니다. 그러나 실생활에서 자주 생략되기 때문에 인도네시아어에는 '~이다'라는 뜻을 가진 단어가 없다고 오해하는 경우도 종종 있습니다.

· 패턴 구조 ·   adalah + 명사   ~이다

Ini adalah buku.	이것은 책이다.
Itu adalah adik saya.*	그 사람은 내 동생이다.
Nama istri saya adalah Intan.	집사람의 이름은 인딴이다.
Nasi goreng adalah makanan Indonesia.	나시고렝은 인도네시아 음식이다.

· 회화 연습 ·

A: Siapa itu?

B: Itu adalah kakak saya.

A: Siapa nama kakak Anda?

B: Nama kakak saya adalah Indra.

A: 그분은 누구예요?

B: 그 사람은 내 형이에요.

A: 당신 형의 이름이 뭐예요?

B: 내 형의 이름은 인드라예요.

· 선생님 한 마디 ·

지시사 ini와 itu는 사물뿐만 아니라 사람을 가리킬 때도 쓰입니다. 사람에게 쓰일 때는 '이분, 그/저분' 등으로 이해할 수 있습니다.

· 새 단어 ·

buku 책
adik 동생
istri 부인, 아내, 집사람
nasi goreng
나시고렝 (인도네시아식 볶음밥)
makanan 음식
kakak 손위
nama 이름

· 응용 패턴 ·

> Hobi saya adalah + 동사 : 내 취미는 ~이다

Hobi saya adalah naik gunung.	내 취미는 등산이다.
Hobi saya adalah memasak dan membaca.	내 취미는 요리와 독서이다.

Pattern 2

~에 있다
ada di ~

예문·회화 연습 듣기
🎧 MP3 007

ada는 '있다'의 뜻을 가진 동사이며, di 전치사와 함께 쓰여서 '~에 있다'라는 의미를 가집니다. ada는 adalah(~이다)와 단어가 비슷해서 헷갈릴 수 있으므로 주의하세요.

· 패턴 구조 · ada di + 장소   ~에 있다

Saya ada di sini.	나는 여기에 있다.
Para mahasiswa ada di kelas.*	대학생들은 교실에 있다.
Buku itu ada di atas meja.	그 책은 책상 위에 있다.
Kantor pos ada di sebelah apotek.	우체국은 약국 옆에 있다.

· 회화 연습 ·

A: Andi! Rumah kamu ada di mana?

B: Rumah saya ada di Bucheon.

A: Bucheon ada di mana?

B: Bucheon ada di dekat Seoul.

A: 안디! 네 집은 어디에 있어?

B: 내 집은 부천에 있어.

A: 부천은 어디에 있어?

B: 부천은 서울 근처에 있어.

선생님 한마디

para는 인물과 관련된 낱말을 복수형으로 만드는 단어이기 때문에 para 뒤에는 복수형이 다시 올 수 없습니다.

새 단어

sini 여기
mahasiswa 대학생
kelas 교실
atas 위
meja 책상, 테이블
kantor pos 우체국
sebelah 옆, 곁
apotek 약국
rumah 집
dekat *n.* 가까이, 근처
depan 앞
dalam 안, 내
tas 가방

· 응용 패턴 ·

ada di + 위치 + 장소 : ~(앞/뒤/위/아래 등)에 있다

Rumah saya ada di depan kantor pos.   우리 집은 우체국 앞에 있다.

Buku saya ada di dalam tas.   내 책은 가방 안에 있다.

Pattern 3

~이 있다

ada ~

예문·회화 연습 듣기

🎧 MP3 008

ada 다음에 오는 di 전치사 대신 '명사'가 바로 오는 경우에는 '소유하다'라는 의미를 나타냅니다. 그러나 모든 명사가 올 수 있는 것은 아닙니다. uang(돈), waktu(시간), rencana(계획), masalah(문제), pertanyaan(질문), ide(생각) 등의 명사만 올 수 있습니다.

· 패턴 구조 · ada + 명사* | ~이 있다

Saya ada ide.	나는 생각이 있다.
Kami ada sedikit uang.	우리는 돈이 조금 있다.
Kamu ada waktu besok?	너는 내일 시간이 있니?
Mereka ada pertanyaan untuk Anda.	그들은 당신을 위한 질문이 있다.

· 회화 연습 ·

A: Ria! Kamu ada waktu besok?

B: Ya. Kenapa?

A: Saya ada rencana piknik besok.

B: Wah! Saya ikut.

A: 리아! 너 내일 시간 있어?

B: 응. 왜?

A: 나는 내일 소풍 갈 계획이 있어.

B: 우와! 나도 같이 갈래.

새 단 어

ide 생각, 아이디어
sedikit 조금, 조금의
uang 돈
waktu 시간
besok 내일
pertanyaan 질문
untuk ~을 위해
kenapa 왜
piknik 소풍, 피크닉
ikut 따라가다, 따라 하다
banyak 많다

· 응용 패턴 ·

ada + banyak / sedikit + 명사 : ~이 많이/조금 있다

Saya ada banyak ide.	나는 아이디어가 많이 있다.
Mereka ada sedikit pertanyaan.	그들은 질문이 조금 있다.

Pattern 4

~을 가지고 있다, ~이 있다

punya ~

예문·회화 연습 듣기

🎧 MP3 009

punya는 '소유하다' 또는 '가지고 있다'를 의미하는 동사입니다. ada와 다르게 모든 명사와 함께 쓸 수 있습니다.

유의어 memiliki, mempunyai

· 패턴 구조 · punya + 명사 | ~을 가지고 있다, ~이 있다

Dia punya tas.	그는 가방을 가지고 있다.
Ayah punya mobil baru.	아빠는 새 자동차를 가지고 있다.
Dia punya kenalan di Busan.	그는 부산에 지인이 있다.
Saya punya dua orang saudara.*	나는 형제 2명이 있다.

· 회화 연습 ·

A: Budi! Kamu punya adik?

B: Ya. Saya punya seorang adik.

A: Kamu punya kakak?

B: Tidak. Saya tidak punya.**

A: 부디! 너는 동생이 있어?

B: 응. 나는 동생 한 명이 있어.

A: 너는 손위가 있어?

B: 아니. 나는 손위가 없어.

선생님 한 마디

1. 숫자-수량사-명사 : 20p. 참고

2. tidak [부정 표현] : 115p. 참고

새 단어

ayah 아빠, 아버지
mobil 자동차
baru 새롭다, 새것
kenalan 지인, 인맥
orang 사람, 명 [수량사]
saudara 친척, 형제
pasang 켤레, 쌍 [수량사]
sepatu 신발, 구두
anjing 개, 강아지

· 응용 패턴 ·

punya + 숫자-수량사-명사 : (숫자+수량사)의 (명사)를 가지고 있다
tidak + punya + 명사 : ~이 없다

Saya punya lima pasang sepatu. | 나는 5켤레의 신발을 가지고 있다.
Kami tidak punya anjing. | 우리는 강아지가 없다.

1단계 · 기본 문장 익히기 **45**

2장

전치사로
말하기

인도네시아어 전치사는 문장 중에 '부사어'를 형성합니다. '접속사' 중에 '명사'와 결합할 수 있는 접속사를 '전치사'로 보기도 합니다. 인도네시아어 문장에서 많이 쓰이는 기본 전치사를 학습해 보세요.

~에, ~에서
di ~

di는 '어떤 동작' 또는 '어떤 상태가 벌어지는 곳'을 가리키는 전치사이며, 이동이 없는 동사와 함께 씁니다.
영어의 in, at, on과 비슷합니다.

패턴 구조

동사 + di + 장소   ~에/에서 ~

Saya tinggal di Jakarta.	저는 인도네시아 자카르타에 삽니다.
Jaket ada di dalam lemari.	제 재킷은 장롱 안에 있습니다.
Paman bekerja di kantor.	삼촌은 회사에서 일합니다.
Kakek membaca majalah di teras.	할아버지는 테라스에서 잡지를 읽습니다.

회화 연습

A: Anda tinggal di mana?
B: Saya tinggal di Seoul.
A: Anda bekerja di mana?
B: Saya bekerja di hotel.

A: 당신은 어디에 살아요?
B: 저는 서울에 살아요.
A: 당신은 어디에서 일해요?
B: 저는 호텔에서 일해요.

새 단어

tinggal 살다, 거주하다
jaket 재킷, 바람막이, 외투
lemari 장롱, 장
paman 삼촌, 숙부
bekerja 일하다, 근무하다
kantor 회사, 사무실
kakek 할아버지
membaca 읽다
majalah 잡지
teras 테라스
hotel 호텔

응용 패턴

명사 + di + 장소 : ~에 있는 ~
Di + 장소 + ada + 명사 : ~에 ~이 있다

teman di Indonesia	인도네시아에 있는 친구
Di rumah saya ada teras.	우리 집에는 테라스가 있다.

Pattern 2

~에, ~(으)로

ke ~

예문·회화 연습 듣기

🎧 MP3 011

ke는 '동작의 목적지' 또는 '가는 곳'을 가리키는 전치사이며, 이동이 있는 동사와 함께 씁니다.
영어의 to, into와 비슷합니다.

· 패턴 구조 · 동사 + ke + 장소 ~에, ~(으)로

Saya pergi ke kampus.	저는 대학교에 갑니다.
Nenek berjalan ke pasar.	할머니는 시장에 걸어서 갑니다.
Ayah berangkat ke kantor.	아빠는 사무실로 출발합니다.
Bibi mengantar kami ke stasiun.	숙모는 우리를 기차역으로 데려다줍니다.

· 회화 연습 ·

A: Kamu sedang pergi ke mana?

B: Saya sedang pergi ke stasiun.

A: Kamu mau pergi ke mana?*

B: Saya mau berjalan-jalan ke Busan.

A: 너 어디 가? (직역 : 너는 어디에 가고 있니?)

B: 기차역에 가고 있어.

A: 어디(로) 가려고 하는데?

B: 부산에 놀러 가려고 해.

선생님 한 마디

mau는 의지를 나타내는 조동사입니다. **92p. 참고**

새 단어

pergi 가다
kampus 캠퍼스, 대학교
berjalan 걷다, 걸어서 가다
pasar 시장
berangkat 출발하다
bibi 숙모, 이모, 고모
mengantar 데려다주다,
　　　　　태워 주다,
　　　　　바래다주다
stasiun 역, 기차역
mau ~하고 싶다, ~할 것이다
berjalan-jalan 놀러 가다,
　　　　　산책하다

· 응용 패턴 ·

mau + ke + 장소 : ~에 갈 것이다, ~로 가려고 하다

Saya mau ke pasar.	나는 시장에 갈 겁니다.
Ayah mau ke kantor.	아빠는 사무실로 가려고 합니다.

Pattern 3

~에서, ~(으)로부터

dari ~

예문·회화 연습 듣기

🎧 MP3 012

dari는 '동작의 출발점' 또는 '시작하는 곳'을 가리키는 전치사이며, 이동이 있는 동사와 함께 씁니다.
영어의 from과 비슷합니다.

패턴 구조 　동사 + dari + 장소 　　　　　　　　 ~에서/(으)로부터 ~하다

Kami turun dari lantai 3.	우리는 3층에서 내려왔다.
Naoko berasal dari Jepang.*	나오코는 일본에서 왔다.
Orang itu datang dari luar negeri.	그 사람은 외국으로부터 왔다.
Kereta itu berangkat dari Stasiun Yongsan.	그 기차는 용산역으로부터 출발했다.

회화 연습

A: Siapa orang itu?

B: Dia adalah teman saya, Adrian.

A: Dia berasal dari mana?

B: Dia berasal dari Spanyol.

A: 그 사람은 누구예요?

B: 그는 제 친구인 아드리안이에요.

A: 그는 어디에서 왔어요?

B: 그는 스페인에서 왔어요.

선생님 한마디

berasal은 출신지를 밝힐 때 쓰는 동사입니다. '~에서 왔다' 또는 '~ 출신이다'라고 해석할 수 있습니다.

새단어

lantai 바닥, 층
berasal 출신이다, 오다
Jepang 일본
datang 오다, 도착하다
luar negeri 외국
kereta 기차
teman 친구
Spanyol 스페인
Malaysia 말레이시아
Korea (Selatan) 한국, 대한민국

응용 패턴

명사 + dari + 장소 : ~에서 온 ~

teman dari Malaysia 　　　　　　 말레이시아에서 온 친구

Itu adalah buku dari Korea. 　　　 그것은 한국에서 온 책입니다.

Pattern 4

~에, ~때

pada ~

예문·회화 연습 듣기

🎧 MP3 013

pada는 '시간 관련 명사'와 함께 쓰이며, 시간 부사어를 가리키는 전치사입니다. 전치사 중 유일하게 생략이 가능하고 경우에 따라서 전치사 di 대신에 장소 부사어를 가리키는 역할을 하기도 합니다.

· 패턴 구조 · 　　동사 + pada + 명사　　　　　　　　~에/때 ~하다

Dia berwisata pada musim gugur.	그녀는 가을에 여행을 간다.
Dia pergi ke rumah teman pada hari Jumat.	그는 금요일에 친구 집에 갔다.
Aku belajar bahasa Inggris pada akhir minggu.	나는 주말에 영어 공부를 했다.
Ibu pulang pada malam hari.	엄마는 저녁때 돌아오신다.

· 회화 연습 ·

A: Kapan kamu datang ke Korea?

B: Saya datang pada tahun 2010.

A: Kamu datang pada musim apa?

B: Pada musim panas.

A: 너는 한국에 언제 왔어?

B: 나는 2010년에 왔어.

A: 너는 어느 계절에 왔어?

B: 여름에.

선생님 한마디

* pada와 함께 사용되지 않는 단어
besok(내일), lusa(모레), kemarin(어제), kemarin dulu (그저께), sekarang(지금), nanti(이따), tadi(아까)
36p. 참고

새 단어

berwisata 여행하다, 관광하다
musim 계절, ~철
musim gugur 가을
hari Jumat 금요일
belajar 공부하다, 배우다
bahasa Inggris 영어
akhir minggu 주말
pulang (집에) 돌아가다/오다
malam hari 저녁
tahun 해, 연도
musim panas 여름

· 응용 패턴 ·

ada pada + 사람 : ~한테 있다, ~가 가지고 있다

Uang itu ada pada saya.	그 돈은 나한테 있다.
Buku kamu ada pada ibu.	네 책은 엄마가 가지고 있다.

Pattern 5

~에게

kepada ~

예문·회화 연습 듣기

🎧 MP3 014

kepada는 사람에게 무엇을 주거나 해 줄 때 쓰는 전치사이며, 그 행위를 받는 대상자를 가리킵니다. 무조건 사람을 나타내는 명사와 함께 쓰입니다.

· 패턴 구조 · 동사 + kepada + 사람 　　　　~에게 ~하다

Dia berbicara kepada orang tuanya.	그는 그의 부모님에게 말했다.
Ayah mengirim uang kepada kakek.	아빠는 할아버지에게 돈을 보내셨다.
Saya memberi bunga kepada pacar saya.	나는 애인에게 꽃을 줬다.
Adik menyampaikan salam kepada paman.	동생은 삼촌에게 안부를 전했다.

· 회화 연습 ·

A: Kamu mau mengirim buku itu kepada siapa?

B: Kepada teman saya.

A: Teman kamu ada di mana?

B: Di Jepang.

A: 너는 그 책을 누구에게 보낼 거야?

B: 친구에게.

A: 네 친구는 어디에 있어?

B: 일본에 있어.

선 생 님 한 마 디

행위를 받는 대상이 '사람'이 아닌 단체나 다른 사물의 경우에는 kepada 대신 전치사 ke를 사용합니다.

새 단 어

berbicara 말하다
orang tua 부모님, 어른
~ nya 그의 ~, 그를 ~
mengirim 보내다, 부치다
memberi 주다
bunga 꽃
pacar 애인
menyampaikan 전달하다
salam 안부 인사
guru 강사, 교사, 선생님

· 응용 패턴 ·

명사 + kepada + 사람 : ~에게 준 ~, ~을 위한 ~

salam kepada guru 　　　　　　　선생님에게 드린 안부 인사

pengumuman kepada orang tua 　　부모님을 위한 공지

52 패턴의 법칙 인도네시아어 첫걸음

Pattern 6

~까지

sampai ~

예문·회화 연습 듣기

🎧 MP3 015

sampai는 '~까지'라는 뜻으로 장소뿐만 아니라 시간 관련 표현과 함께 쓸 수 있습니다. sampai가 동사의 역할을 할 때는 '도착하다'의 뜻을 나타내지만, 지금과 같이 전치사의 역할을 할 때는 '~까지'의 뜻으로 쓰입니다.

· 패턴 구조 · 동사 + sampai + 명사   ~까지 ~하다

Kami bekerja sampai jam 6 sore.   우리는 오후 6시까지 일했다.

Saya berjalan kaki sampai rumah saya.   나는 우리 집까지 걸어서 갔다.

Ayah mengantar saya sampai sekolah.   아빠는 나를 학교까지 데려다주셨다.

Ibu menonton film sampai tengah malam.   엄마는 자정까지 영화를 보셨다.

· 회화 연습 ·

A: Kamu belajar sampai jam berapa?

B: Sampai jam 1 pagi.

A: Kamu membaca sampai mana?

B: Sampai halaman 30.

A: 너는 어제 몇 시까지 공부했어?

B: 새벽 1시까지.

A: 어디까지 읽었어?

B: 30쪽까지.

· 선생님 한마디 ·

sampai는 시간 관련 어휘와 함께 쓰는 경우 hingga로 바꿔 쓸 수 있습니다.

· 새단어 ·

jam ~시, ~시간, 시계
sore 오후, 이른 저녁
berjalan kaki 걷다, 걸어서 가다
sekolah 학교
menonton 감상하다, 관람하다, 시청하다
film 영화
tengah malam 자정
jam berapa? 몇 시?
halaman 페이지, 쪽

· 응용 패턴 ·

> **Sampai + 시간! : ~ 또 보자!**

Sampai besok!   내일 또 보자!

Sampai nanti!   나중에 또 보자!

~과 함께

dengan ~ (1)

예문·회화 연습 듣기

🎧 MP3 016

dengan은 사람 또는 동물과 함께 오는 경우, 어떤 행위를 하는 데 함께 하는 동반자를 가리킵니다.
영어의 with과 비슷합니다.

· 패턴 구조 · 동사 + dengan + 명사   ~과 함께 ~하다

Bayi itu bermain dengan saya.	저 아기는 나와 함께 놀았다.
Saya mengobrol dengan adik saya.	나는 동생과 함께 이야기했다.
Sinta berjalan-jalan dengan Rama.	신따는 라마와 함께 산책했다.
Dia tinggal di Jakarta dengan kami.	그는 우리와 함께 자카르타에 산다.

· 회화 연습 ·

A: Saya akan berwisata ke Indonesia.

B: Kamu akan berwisata dengan siapa?

A: Dengan keluarga saya.

B: Wah, menyenangkan!

A: 나는 인도네시아로 여행을 갈 거야. (직역: 나는 인도네시아에 여행할 거야.)

B: 누구와 함께 여행 가는데? (직역: 너는 누구와 함께 여행할 거야?)

A: 우리 가족과 함께.

B: 우와, 재미있겠다!

선생님 한마디

dengan이 가진 의미 중, 동반자를 가리키는 '~과 함께'라는 표현에서는 bersama로 바꿔 쓸 수 있습니다.

새 단어

bayi 아기
bermain 놀다, 연주하다
mengobrol 이야기하다,
         잡담하다, 떠들다
akan ~할 것이다
keluarga 가족
menyenangkan 재미있다,
         즐겁다, 기쁘다

· 응용 패턴 ·

~ dengan siapa? : 누구랑 ~?

Kamu makan siang dengan siapa?	너는 누구랑 점심을 먹었어?
Kamu pergi dengan siapa?	너는 그곳에 누구랑 가?

Pattern 8

~으로, ~을 사용해서, ~을 타고

dengan ~ (2)

예문·회화 연습 듣기

🎧 MP3 017

dengan은 어떤 행위를 같이 하는 동반자 외에도 '~으로, ~을 사용해서, ~을 타고'와 같이 그 행위를 하는 데 쓰는 도구나 수단 등을 가리키기도 합니다.

· 패턴 구조 ·   동사 + dengan + 명사   ~으로/을 사용해서/을 타고 ~하다

Ayah berbelanja dengan kartu kredit.	아빠는 신용카드로 장을 보셨다.
Aira mengetik dengan komputernya.	아이라는 컴퓨터로 키보드를 쳤다.
Saya menulis dengan bolpoin.	저는 볼펜을 사용해서 적는다.
Kami pergi ke sana dengan taksi.*	우리는 택시를 타고 그곳으로 갔다.

· 회화 연습 ·

A: Saya mau pergi ke Gyeongju.

B: Anda mau pergi ke sana dengan apa?

A: Saya mau pergi ke sana dengan mobil.

B: Saya juga ikut.

A: 저는 경주에 가려고 해요.

B: 거기에 무엇을 타고 갈 거예요?

A: 거기에 차를 타고 갈 거예요.

B: 저도 같이 가요.

· 선생님 한마디 ·

도구나 수단을 가리키는 dengan은 동사 menggunakan으로 바꿔 쓸 수 있습니다. 교통수단의 경우에는 '타다'를 뜻하는 naik으로 바꿔 쓸 수 있습니다.

1. sana의 사전적 의미는 '저기, 저곳'이지만 일상생활에서는 '거기, 그곳'의 의미로도 자주 사용하기 때문에 문맥에 따라서 자연스러운 해석으로 적용할 수 있습니다.

· 새단어 ·

berbelanja 장 보다, 쇼핑하다
kartu kredit 신용카드
mengetik 타자 치다
komputer 컴퓨터
menulis 적다, 쓰다
sana 저기, 저곳
taksi 택시

· 응용 패턴 ·

> ~ dengan apa? : 무엇으로 ~?, 무엇을 사용해서 ~?

Kamu menulis dengan apa?	너는 무엇으로 적었어?
Ibu memasak dengan apa?	엄마는 무엇을 사용해서 요리했어요?

Pattern

9

~히, ~하게

dengan ~ (3)

예문·회화 연습 듣기

🎧 MP3 018

dengan은 방법을 설명하는 형용사와 함께 쓰이면, '~히, ~하게, ~해서'와 같이 어떤 행위를 어떻게 하는지에 대한 의미로 쓰입니다.

· 패턴 구조 · 동사 + dengan + 형용사   ~히/하게 ~하다

Dia belajar dengan rajin.   그는 열심히 공부했다.

Ibu menjelaskan dengan saksama.   엄마는 세밀하게 설명했다.

Mereka berdiskusi dengan serius.   그들은 진지하게 토론했다.

Orang itu berbahasa Indonesia dengan baik.*   저 사람은 인도네시아어를 잘한다.

· 회화 연습 ·

A: Saya punya mobil baru.

B: Kamu bisa menyetir?

A: Ya, saya bisa menyetir dengan baik.*

B: Wah, hebat!

A: 나는 새 자동차가 있어.

B: 너 운전할 줄 알아?

A: 응, 나는 운전을 잘할 수 있어.

B: 우와, 대단해!

· 선생님 한마디 ·

'dengan baik'은 무엇인가를 '좋게 하다'라는 의미이기 때문에 '잘한다'로 해석할 수 있습니다.

· 새단어 ·

rajin 부지런하다, 열심히 하다
menjelaskan 설명하다
saksama 세밀하다, 면밀하다, 자세하다
berdiskusi 토론하다, 논의하다
serius 진지하다, 심각하다
berbahasa 언어를 사용하다
baik 좋다, 잘
menyetir 운전하다
hati-hati 조심하다
memindahkan 옮기다
cermin 거울

· 응용 패턴 ·

~ dengan hati-hati : 조심해서 ~

Ayah menyetir dengan hati-hati.   아빠는 조심해서 운전합니다.

Mereka memindahkan cermin dengan hati-hati.   그들은 거울을 조심해서 옮깁니다.

~ 없이

tanpa ~

예문·회화 연습 듣기

🎧 MP3 019

tanpa는 dengan과 반대로 동반자 또는 쓰는 도구 없이 무엇인가를 행한다는 것을 의미합니다.
영어의 without과 비슷합니다.

· 패턴 구조 ·

동사 + tanpa + 명사   ~ 없이 ~하다

동사 + tanpa + 동사   ~하지 않고 ~하다

Kami menyiapkan makan malam tanpa ibu.   우리는 엄마 없이 저녁 준비를 했다.

Nenek membaca koran tanpa kacamata.   할머니는 안경 없이 신문을 보신다.

Adik berwisata tanpa berbicara.   동생은 말하지 않고 여행을 갔다.

Dia mengerjakan hal itu tanpa dibantu.   그는 도움을 받지 않고 그 일을 해냈다.

· 회화 연습 ·

A: Kamu mau ke mana besok?

B: Saya akan berwisata ke Pulau Jeju.

A: Kamu pergi dengan keluarga?

B: Tidak, saya pergi tanpa keluarga.

A: 내일 어디 가?

B: 제주도 여행을 갈 거야.

A: 가족과 함께 가는 거야?

B: 아니, 나는 가족 없이 혼자 갈 거야.

· 새 단 어 ·

kacamata 안경
dibantu 도움을 받다
gula 설탕
kopi 커피
susu 우유

· 응용 패턴 ·

명사 + tanpa + 명사 : ~이 없는 ~

makanan tanpa gula   설탕이 없는 음식

Saya suka kopi tanpa susu.   나는 우유가 없는 커피를 좋아한다.

Pattern 11

~을 위해

untuk ~

예문·회화 연습 듣기

♪ MP3 020

untuk은 어떤 행위를 하는 '대상'이나 '목적'을 의미합니다. 영어의 for과 비슷합니다.

· 패턴 구조 ·

동사 + untuk + 명사	~을 위해 ~하다
동사 + untuk + 동사	~하기 위해 ~하다

Dia menyanyi untuk pacarnya. 그는 애인을 위해 노래를 했다.

Saya membeli hadiah untuk Heru. 나는 헤루 씨를 위해 선물을 샀다.

Dinda berbelanja untuk memasak. 딘다는 요리하기 위해 장을 봤다.

Dia berolahraga untuk menurunkan berat badan. 그녀는 살을 빼기 위해 운동했다.

· 회화 연습 ·

A: Dinda, kamu pergi berbelanja?

B: Iya, saya mau berbelanja untuk memasak.

A: Kamu memasak untuk siapa?

B: Nanti malam saya akan memasak untuk pacar saya.

A: 딘다, 장 보러 가는 거야?

B: 응, 요리를 하기 위해서 장을 보려고 해.

A: 누구를 위해 요리하는데?

B: 저녁에 애인을 위해 요리할 거야.

· 새 단어 ·

menyanyi 노래하다
membeli 사다, 구매하다
hadiah 상품, 상금, 선물, 경품
memasak 요리하다
berolahraga 운동하다
menurunkan 줄이다, (살을) 빼다
berat badan 몸무게

· 응용 패턴 ·

명사 + untuk + 명사/동사 : ~을 위한 ~, ~하기 위한 ~

buku untuk kamu 너를 위한 책

sepatu untuk berolahraga 운동하기 위한 신발

~에 대해/관해

tentang ~

예문·회화 연습 듣기

🎧 MP3 021

tentang은 대화하거나 생각하는 주제를 밝힐 때 '~에 대해/관해'라는 의미로 쓰입니다.
영어의 about과 비슷합니다.

· 패턴 구조 ·   동사 + tentang + 명사   ~에 대해/관해 ~하다

Kami berdiskusi tentang acara besok.   우리는 내일 행사에 대해 논의했다.

Pak satpam berbicara tentang kejadian itu.   경비원은 그 사건에 대해 이야기했다.

Tentara itu sedang berpikir tentang keluarganya.   그 군인은 가족에 관해 생각하고 있다.

Pengarang itu menulis tentang perjalanannya ke Paris.   그 작가는 파리 여행에 관해 글을 썼다.

· 회화 연습 ·

A: Film itu bercerita tentang apa?

B: Film itu bercerita tentang sejarah.

A: Sejarah tentang apa?

B: Sejarah tentang kerajaan di Korea.

A: 그 영화는 무엇에 대한 이야기예요?

B: 그 영화는 역사에 대한 이야기예요.

A: 무엇에 관한 역사예요?

B: 한국에 있는 왕국에 관한 역사예요.

새 단어

acara 행사, 일
kejadian 사건, 일
berpikir 생각하다
perjalanan 여행, 여정
mode 패션, 패션계

· 응용 패턴 ·

명사 + tentang + 명사 : ~에 대한/관한 ~

Dia membaca buku tentang Indonesia.   그는 인도네시아에 대한 책을 읽었다.
Saya membeli majalah tentang mode.   나는 패션에 관한 잡지를 샀다.

Pattern 13

~(안)에

dalam ~

예문·회화 연습 듣기

🎧 MP3 022

dalam은 전치사 di 대신에 사용 가능하며, 어떠한 곳의 안에서 무엇인가를 하거나 어떤 기간 이내로 무엇을 한다고 할 때 사용합니다. 영어의 in과 비슷합니다.

· 패턴 구조 ·   동사 + dalam + 명사   ~(안)에 ~하다

Orang itu ada dalam daftar undangan.	그 사람은 하객 명단에 있다.
Buku dan tempat pensil saya ada dalam tas.	내 책과 필통은 가방 안에 있다.
Mereka akan datang dalam 2 jam.	그들은 2시간 이내로(안에) 올 것이다.
Kami akan berlibur ke Eropa dalam bulan ini.	우리는 이번 달 안에 유럽으로 휴가를 떠날 것이다.

· 회화 연습 ·

A: Kamu mau menonton film di bioskop?

B: Boleh. Bioskop itu ada di mana?

A: Bioskop itu ada dalam mal Arion.

B: Jauh, ya.

A: 영화관에서 영화 볼래요?

B: 그래요. 영화관이 어디에 있어요?

A: 그 영화관은 아리온 쇼핑몰 안에 있어요.

B: 머네요.

새 단어

tempat pensil 필통
berlibur 휴가를 가다, 휴가를 보내다
bulan 월, 달
mal 쇼핑몰
bahasa 언어

· 응용 패턴 ·

~ berbicara dalam bahasa + 국가 : ~ 언어로 말하다

Saya berbicara dalam bahasa Korea.   나는 한국어로 말한다.

Simon berbicara dalam bahasa Inggris   시몬 씨는 영어로 말한다.

~처럼, ~과 같다

seperti ~

seperti는 '~처럼, ~와 같다, ~하듯이'의 뜻으로, 하나의 주어가 다른 대상과 같거나 다른 대상이 하는 행동을 비슷하게 할 때 사용합니다. 영어의 like 또는 as if와 같은 의미입니다.

· 패턴 구조 ·

seperti + 명사	~처럼, ~과 같다
seperti sedang + 동사	~하듯이, ~하는 것처럼

Suaranya merdu seperti burung ketilang.*	그녀의 목소리는 직박구리처럼 낭랑하다.
Kucing itu seperti harimau.	그 고양이는 호랑이와 같다.
Dia berjalan seperti sedang berlari.	그는 달리듯이 걷는다.
Anak itu berbicara seperti sedang berbisik.	그 아이는 속삭이는 것처럼 말한다.

· 회화 연습 ·

A: Anda memelihara kucing?

B: Iya. Saya sudah lama memelihara kucing.

A: Pasti kucingnya sudah tua, ya.

B: Sudah tua, tetapi tetap lucu seperti bayi.

A: 당신은 고양이를 키우나요?

B: 네. 오래전부터 키우고 있어요.

A: 고양이가 늙었겠네요.

B: 늙었지만 아기처럼 여전히 귀여워요.

· 선생님 한마디 ·

한국의 '꾀꼬리 같은 목소리'처럼 인도네시아에서도 아름다운 목소리에 대한 비유로 '직박구리'를 사용한 표현이 있습니다.

꾀꼬리 같은 목소리
= 직박구리 같은 목소리

· 새 단어 ·

merdu 낭랑하다, 듣기 좋다
burung ketilang 직박구리 새
kucing 고양이
harimau 호랑이
berjalan 걷다, 걸어가다
berlari 달리다
berbicara 말하다
berbisik 속삭이다, 귓속말하다
tua 늙다, 나이가 많다
lucu 귀엽다, 웃기다

· 응용 패턴 ·

seperti sedang + (감정) 형용사 : ~ 하는 것 같다

Anak itu seperti sedang sedih.	그 아이는 슬퍼하는 것 같다.
Ayah saya seperti sedang marah.	우리 아빠는 화가 나 있는 것 같다.

3장

형용사로
말하기

인도네시아어의 '형용사'는 한국어처럼 서술어 자리에 위치하며, '아주, 약간, 꽤, 너무, 가장' 등과 같은 '부사'와 결합해서 그 의미를 강조해 줍니다.

Pattern 1

아주, 매우 (1)

sangat ~

예문·회화 연습 듣기

🎧 MP3 024

sangat은 형용사와 함께 쓰이며 '아주, 매우'와 같이 상태의 강도 높음을 의미합니다. sekali와 같은 의미지만 sangat 은 형용사 앞에 위치한다는 차이점이 있습니다.

· 패턴 구조 ·

sangat + 형용사   아주/매우 ~하다

Saya sangat lapar.	나는 아주 배고프다.
Orang itu sangat ramah dan baik hati.	저 사람은 아주 친절하고 착하다.
Hari ini panas dan sangat lembap.	오늘은 덥고 매우 습하다.
Baju di toko itu sangat bagus dan murah.	그 가게에 있는 옷은 매우 좋고 저렴하다.

· 회화 연습 ·

A: Kenapa kamu lemas?

B: Karena saya sangat capai.

A: Aduh! Kasihan.

B: Ah. Tidak apa-apa.

A: 너는 왜 힘이 없어?

B: 나는 아주 피곤해서.

A: 어머나! 불쌍해.

B: 에이. 괜찮아.

선생님 한마디

sangat의 유의어로 amat이 있 지만 일상생활에서는 sangat과 sekali를 더 많이 사용합니다.

새 단어

lapar 배고프다
ramah 친절하다
baik hati 착하다, 맘씨가 좋다
hari ini 오늘
lembap 습하다, 후텁지근하다
baju 옷
toko 가게
bagus 좋다
murah 싸다, 저렴하다
karena ~ 때문에, ~해서
kasihan 불쌍하다, 가엾다

· 응용 패턴 ·

동사 + dengan sangat + 형용사 : 아주 ~하게 ~하다

Adik menulis dengan sangat baik	동생은 (글을) 아주 잘 쓴다.
Anak itu berjalan dengan sangat hati-hati	그 아이는 아주 조심스럽게 걷는다.

아주, 매우 (2)

~ sekali

예문·회화 연습 듣기

🎧 MP3 025

sekali는 sangat과 마찬가지로 형용사와 함께 쓰이며 뜻도 같습니다. 그러나 다른 형용사를 꾸며 주는 부사와 다르게 형용사 뒤에 위치한다는 차이점이 있습니다.

· 패턴 구조 ·   형용사 + sekali

아주/매우 ~하다

Saya haus sekali. — 나는 아주 목이 마르다.

Wanita itu sombong sekali. — 저 여자는 아주 건방지다.

Cuaca kemarin sejuk sekali. — 어제 날씨는 매우 시원했다.

Aksesori di mal itu bagus dan mahal sekali. — 그 쇼핑몰에 있는 액세서리는 매우 좋고 비싸다.

· 회화 연습 ·

A: Bagaimana film itu?

B: Film itu bagus sekali.

A: Oh, ya?

B: Iya, sungguh!

A: 그 영화는 어땠어요?

B: 그 영화는 아주 재미있었어요.

A: 아, 그래요?

B: 네, 정말요!

· 선 생 님 한 마 디 ·

sekali는 sangat과 같은 뜻이지만 일상생활에서는 sangat보다 더 많이 사용합니다.

· 새 단 어 ·

haus 목마르다
sombong 건방지다, 거만하다
cuaca 날씨
sejuk 시원하다
aksesori 액세서리
mahal 비싸다
cepat 빠르다

· 응용 패턴 ·

동사 + dengan + 형용사 + sekali : 아주 ~하게 ~하다

Dia menyanyi dengan merdu sekali — 그녀는 아주 낭랑한 목소리로 노래한다.

Mereka berbicara dengan cepat sekali. — 그들은 아주 빠르게 말한다.

예문·회화 연습 듣기

🎧 MP3 026

너무

terlalu ~

terlalu는 '너무'의 뜻을 가지고 있지만, 한국어와 같이 긍정과 부정에 모두 쓸 수 있는 것은 아닙니다. '너무 지나치다'라는 의미를 가지고 있기 때문에 부정의 의미로만 사용할 수 있습니다.

· 패턴 구조 ·	terlalu + 형용사	너무 ~하다

Mi ayam itu terlalu asin.	저 닭국수는 너무 짜다.
Nasi goreng itu terlalu pedas.	저 나시고렝은 너무 맵다.
Rok itu terlalu pendek untuk saya.	저 치마는 내게 너무 (지나치게) 짧다.
Apartemen itu terlalu jauh dari pusat kota.	저 아파트는 시내에서 너무 멀다.

· 회화 연습 ·

A: Kenapa? Kamu tidak suka kopi?

B: Kopi ini terlalu pahit.

A: Kamu mau gula?

B: Boleh. Terima kasih.

A: 왜 그러세요? 커피 싫어하세요?

B: 이 커피는 너무 써요.

A: 설탕 드릴까요?

B: 네. 고마워요.

선생님 한마디

terlalu는 부정적인 의미로만 쓰이므로 '아주 좋다'라고 표현할 때는 terlalu 대신 sangat을 씁니다.

새 단어

mi ayam 닭국수
asin 짜다
pedas 맵다
rok 치마
apartemen 아파트
jauh 멀다
pusat kota 시내
keras 열심히다, 열렬하다
berlatih 연습하다, 훈련하다
berlebihan 과하다

· 응용 패턴 ·

동사 + dengan terlalu + 형용사 : 너무 ~하게 ~하다

Ayah bekerja dengan terlalu keras.	아빠는 너무 (지나치게) 열심히 일한다.
Dia berlatih dengan terlalu berlebihan.	그는 너무 과하게 연습한다.

Pattern 4

꽤, 충분히

cukup ~

예문·회화 연습 듣기

MP3 027

cukup은 '충분하다'의 뜻으로, 다른 형용사의 부사처럼 형용사 앞에 위치함으로써 '꽤 ~하다' 또는 '충분히 ~하다' 라는 의미로 표현할 수 있습니다.

· 패턴 구조 ·	cukup + 형용사	꽤/충분히 ~하다

Orang itu cukup pandai.	그 사람은 꽤 영리하다.
Cuaca akhir-akhir ini cukup sejuk.	최근 날씨는 꽤 시원하다.
Kopi ini cukup hangat.	이 커피는 충분히 따뜻하다.
Jus di kafe itu cukup bervariasi.	그 카페의 주스는 충분히 다양하다.

· 회화 연습 ·

A: Kamu suka teh itu?

B: Ya. Teh ini enak sekali.

A: Kamu mau gula?

B: Tidak. Teh ini cukup manis.

A: 그 차를 좋아해요?

B: 네. 이 차는 아주 맛있어요.

A: 설탕 드릴까요?

B: 아니요. 이 차는 충분히 달아요.

선생님 한마디

cukup의 유의어로 '그런대로, 그 럭저럭'을 뜻하는 lumayan이 있 습니다. 일상생활에서 두 표현 모 두 자주 사용합니다.

새 단어

pandai 영리하다, 청명하다
akhir-akhir ini 최근
hangat 따뜻하다
jus 주스
kafe 카페
bervariasi 다양하다
manis 달다, 달콤하다, 사랑스럽다

· 응용 패턴 ·

sudah cukup + 형용사 : 충분히/벌써 꽤 ~하다

Teh ini sudah cukup manis.	이 차는 충분히 달다. → 설탕을 넣을 필요가 없다는 의미
Masih musim semi tetapi sudah cukup panas.	아직 봄인데 벌써 꽤 덥다.

약간, 좀

agak ~

🎧 MP3 028

agak은 '약간'의 뜻으로, 형용사와 함께 쓰여서 '약간/좀 ～하다'의 의미로 표현할 수 있습니다.

주의 '조금'의 뜻을 가진 sedikit을 agak 대신 자주 사용하는 경우가 있습니다. 그러나 sedikti은 형용사와는 함께 쓰이지 않습니다. 쓰임에 주의하세요.

패턴 구조 agak + 형용사 　　　　　　　　　 약간/좀 ～하다

Teh itu agak manis.	그 홍차는 약간 달다.
Selada itu agak asam.	그 샐러드는 약간 시다.
Tas itu sangat besar dan agak berat.	그 가방은 아주 크고 좀 무겁다.
Majalah itu agak tebal, tetapi ringan.	그 잡지는 좀 두껍지만 의외로 가볍다.

회화 연습

A: Kamu suka baju itu?

B: Tidak.

A: Kenapa?

B: Baju itu agak kecil.

A: 그 옷을 좋아해요?

B: 아니요.

A: 왜요?

B: 그 옷은 저에게 좀 작아요.

새 단어

teh 차, 홍차
selada 샐러드, 상추
asam 시다, 새콤하다
besar 크다
berat 무겁다, 심각하다
tebal 두껍다
tetapi 그러나, 하지만
ringan 가볍다
rusak 고장 나다, 상하다

응용 패턴

sudah agak + 형용사 : 벌써 약간 ～하다

Mobil saya sudah agak tua.	내 자동차는 벌써 약간 낡았다.
Komputer saya sudah agak rusak.	내 컴퓨터는 벌써 약간 고장이 났다.

Pattern 6

덜, 별로

kurang ~

예문·회화 연습 듣기

🎧 MP3 029

kurang은 '부족하다, 모자라다'의 뜻으로, 형용사 앞에 위치해서 '덜 ~하다, 별로 ~하지 않다'라는 의미를 나타냅니다. 부드럽게 부정을 표현할 때 부정사 tidak 대신에 사용할 수 있습니다.

· 패턴 구조 · **kurang + 형용사**　　　　　　　　덜 ~하다, 별로 ~하지 않다

Mi goreng ini kurang asin.	이 미고렝은 덜 짜다.
Bahasa Indonesia orang itu kurang lancar.	그 사람의 인도네시아어는 덜 유창하다.
Kemeja itu kurang bagus.	그 와이셔츠는 별로 좋지 않다.
Perhiasan ibu itu kurang mewah.	그 여자의 보석들은 별로 화려하지 않다.

· 회화 연습 ·

A: Bagaimana sop itu?*

B: Sop ini kurang gurih.

A: Kamu mau garam?

B: Iya, boleh.

A: 그 국은 어때요?

B: 이 국은 감칠맛이 별로 안 나요.

A: 소금이 필요해요?

B: 네, 주세요.

· 선생님 한마디 ·

인도네시아에서 수프(sop)는 국물이 있는 모든 찌개, 찜, 탕, 국 등의 요리를 의미합니다.

· 새단어 ·

mi goreng 미고렝 (인도네시아식 볶음면)
lancar 원활하다, 유창하다
kemeja 와이셔츠, 남방
perhiasan 반지, 팔찌 등의 보석
mewah 윤택하다, 화려하다, 화화스럽다
sop 국, 탕
gurih 감칠맛 나다
garam 소금

· 응용 패턴 ·

　　agak kurang + 형용사 : 약간 덜 ~하다, 약간 ~하지 않다

Kue ini agak kurang asin.　　　　　　　　이 과자는 약간 덜 짜다.

Kemeja ini agak kurang nyaman karena kecil.　이 와이셔츠는 작아서 <u>약간 편하지 않다</u>. (불편하다.)

Pattern 7

더

lebih ~

예문·회화 연습 듣기

🎧 MP3 030

lebih는 두 대상을 비교할 때, 한 대상이 더 크거나 좋다고 말할 때 쓰는 부사입니다. 한국어에서는 '~보다 ~가 크다'와 같이 '더'를 생략해서 사용할 수 있지만, 인도네시아어 비교 표현은 꼭 사용해서 표현해야 의미가 전달됩니다.

패턴 구조

lebih + 형용사   더 ~하다

lebih + 형용사 + daripada + 명사   ~보다 더 ~하다

Kursi ini lebih nyaman.   이 의자는 더 아늑하다.

Film horor itu lebih menyeramkan.   그 공포 영화는 더 소름 끼친다.

Gajah lebih besar daripada tikus.*   코끼리는 쥐보다 더 크다.

Dia lebih rajin dan pintar daripada kakaknya.   그는 형보다 더 부지런하고 똑똑하다.

회화 연습

A: Kamu suka celana itu?

B: Ya. Saya suka celana itu.

A: Kenapa?

B: Celana itu lebih nyaman.

A: 그 바지를 좋아해요?

B: 네. 그 바지를 좋아해요.

A: 왜요?

B: 그 바지가 더 편해요.

선생님 한마디

daripada는 비교 대상 앞에 위치하며 '~보다'를 나타내는 전치사입니다.

새단어

kursi 의자, 자리
nyaman 아늑하다, 편하다
film horor 공포 영화
menyeramkan 소름 끼치게 하다
gajah 코끼리
daripada ~보다
tikus 쥐
pintar 똑똑하다, 영리하다

응용 패턴

> jauh lebih + 형용사 : 훨씬 더 ~하다

Teh jauh lebih enak daripada kopi.   차는 커피보다 훨씬 더 맛있다.

Dia jauh lebih cantik daripada adiknya.   그녀는 동생보다 훨씬 더 예쁘다.

Pattern 8

똑같이

sama ~

예문·회화 연습 듣기

MP3 031

sama는 '같다'의 뜻으로, 형용사 앞에 오는 경우에는 '똑같이 ~하다'라는 의미로 표현할 수 있습니다.

· 패턴 구조 ·   sama + 형용사   똑같이 ~하다

Sambal dan cabai sama pedas.   삼발소스와 고추는 똑같이 맵다.

Saya dan adik saya sama tinggi.   나와 동생은 키가 똑같이 크다. (키가 같다.)

Ibu itu dan anaknya sama cantik.   그 어머니와 그녀의 딸은 똑같이 예쁘다.

Mereka sama tua dan sama dewasa.   그들은 똑같이 나이 들었고 똑같이 성숙하다.

· 회화 연습 ·

A: Siapa lebih pintar? Kamu atau dia?

B: Saya dan dia sama pintar.

A: Ah, masa?

B: Benar, kok!

A: 누가 더 똑똑해? 너 또는 그?

B: 나와 그는 똑같이 똑똑해.

A: 에이, 설마?

B: 맞거든요!

· 선생님 한마디 ·

비교 대상이 「sama+형용사」 뒤에 오는 경우에는 전치사 dengan을 함께 사용해서 '~만큼 ~하다'의 의미로 표현할 수 있습니다.

· 새 단어 ·

sambal 삼발소스
(인도네시아식 고추장, 칠리소스)
cabai 고추
tinggi 높다, 키가 크다
cantik 예쁘다
tua 늙다, 낡다, 오래되다
dewasa 성숙하다, 어른의

· 응용 패턴 ·

sama + 형용사 + dengan : ~만큼 ~하다*

Saya sama pintar dengan dia.   나는 그 사람만큼 똑똑하다.

Sambal sama pedas dengan cabai.   삼발소스는 고추만큼 맵다.

Pattern 9

가장

paling ~

예문·회화 연습 듣기

🎧 MP3 032

paling은 비교할 때 최상급을 표현하는 부사입니다. 최상급은 어떤 범위에서 '가장 ~하다'라는 의미이기 때문에 뒤에 'di ~' 또는 'di antara ~'를 넣어서 추가 설명을 하는 것이 일반적입니다.

• 패턴 구조 •

paling + 형용사	가장 ~하다
paling + 형용사 + di + 장소	~에서 가장 ~하다
paling + 형용사 + di antara + 명사	~ 중에서 가장 ~하다

Anak itu paling manja.　　　　　　　　그 아이는 가장 응석받이다.

Kakak saya paling hebat.　　　　　　　우리 형은 가장 대단하다.

Gunung Hallasan paling tinggi di Korea Selatan.　한라산은 한국에서 가장 높다.

Atlet itu paling cepat di antara atlet lainnya.*　그 선수는 다른 선수 중에서 가장 빠르다.

• 회화 연습 •

A: Siapa paling pintar di kelas ini?

B: Andi paling pintar di kelas ini.

A: Siapa paling rajin?

B: Saya paling rajin.

A: 이 교실에서 누가 가장 똑똑해요?

B: 이 교실에서 안디 씨가 가장 똑똑해요.

A: 누가 가장 부지런해요?

B: 제가 가장 부지런해요.

선생님 한마디

'di antara ~'는 '~중에(서)'의 뜻으로, 다른 대상과 비교하거나 여러 가지 중에서 최상급이라는 표현에 사용합니다.

새단어

manja 응석받이다, 애교가 많다
hebat 대단하다, 굉장하다
atlet 선수, 운동선수
antara 사이, 중
lainnya 다른, 기타

• 응용 패턴 •

bukan yang paling + 형용사 : 가장 ~한 것이 아니다

Dia bukan yang paling hebat.　　　　　그는 가장 대단한 사람이 아니다.

Dia bukan yang paling pintar di kelas.　그는 반에서 가장 똑똑한 사람이 아니다.

72　패턴의 **법칙** 인도네시아어 *첫걸음*

Pattern 10

점점 더

makin ~

예문·회화 연습 듣기

🎧 MP3 033

makin은 '점점 더'의 뜻으로, 형용사 앞에 위치해서 주어가 갈수록 '점점 더 ~해진다'라는 의미를 나타내는 부사입니다. makin은 구어체로 일상생활에서 많이 쓰이지만, 문어체에서는 semakin을 사용합니다.

• 패턴 구조 • makin + 형용사 　　　　　　　　　　점점 더 ~해진다

Cuaca makin dingin.	날씨가 점점 더 추워진다.
Anak perempuan saya makin cantik.	우리 딸은 점점 더 예뻐진다.
Setiap hari tamu-tamu makin banyak.	매일 손님들이 점점 더 많아진다.
Harga barang makin lama makin mahal.*	물가는 갈수록 점점 더 비싸진다.

• 회화 연습 •

A: Kamu suka musim semi?

B: Bagaimana cuaca musim semi?

A: Cuaca musim semi makin hangat setiap hari.

B: Oh, ya?

A: 봄을 좋아해요?

B: 봄의 날씨는 어때요?

A: 봄의 날씨는 매일 점점 더 따뜻해져요.

B: 그래요?

선생님 한마디

'갈수록 점점 더 ~해진다'의 뜻을 강조하기 위해서 makin lama라는 말을 덧붙여 쓰기도 합니다.

새단어

dingin 춥다, 차갑다
setiap ~마다, 매 ~
tamu 손님
harga 가격, 값
barang 물건, 짐
musim semi 봄
pertandingan 경기, 시합
seru 재미있다, 신나다

• 응용 패턴 •

makin lama makin + 형용사 : 갈수록 점점 더 ~해진다*

Jumlah tamu makin lama makin banyak.	손님의 수는 갈수록 점점 더 많아진다.
Pertandingan itu makin lama makin seru.	그 경기는 갈수록 점점 더 재미있어진다.

2단계

짧은 문장
익히기

4장

의문사
활용하기

인도네시아어의 '의문사'는 주로 문장 맨 앞에 위치하지만, 목적어 자리에 오는 경우에는 무조건 동사 뒤에 위치합니다. 인도네시아어의 기본적인 의문사를 학습해 보세요.

무엇?, 무슨?

apa?

예문·회화 연습 듣기

🎧 MP3 034

apa는 '무엇'의 뜻을 가진 의문사로, '이것이 무엇인가요?'라는 질문을 할 때 씁니다. 타동사 뒤에 위치할 경우에는 목적어가 되어 '무엇을 ~해요?'라는 의문문을 만듭니다.

패턴 구조		
Apa + ini/itu? **Ini/Itu + apa?**	이것/그것/저것은 뭐예요?	
타동사 + apa?	무엇을 ~해요?	

Apa ini?	이것은 뭐예요?
Itu apa?	그것은 뭐예요?
Kamu makan apa?	무엇을 먹었어요?
Dia membeli apa di toko buku?	그는 서점에서 무엇을 샀어요?

회화 연습

A: Apa itu?

B: Ini bekal makan siang saya.

A: Kamu membawa apa?

B: Saya membawa nasi goreng.

A: 저것은 뭐예요?

B: 이것은 제 점심 도시락이에요.

A: 무엇을 가지고 왔어요?

B: 나시고렝을 가지고 왔어요.

선생님 한 마디

'단지, 오직'을 의미하는 saja를 의문사 뒤에 붙이면 복수 의미가 됩니다.

예 **Ada apa saja?**
 무엇무엇이 있나요?
 Ada siapa saja?
 누가누가 있나요?

새 단어

makan 먹다
toko buku 서점
bekal 도시락
membawa 가지고 오다/가다

응용 패턴

타동사 + apa saja? : 무엇무엇을 ~해요? [복수]*

Kamu makan apa saja?	무엇무엇을 먹었어요?
Dia membeli apa saja?	그는 무엇무엇을 샀어요?

Pattern 2

무슨/어느/어떤 ~?

~ apa?

예문·회화 연습 듣기

🎧 MP3 035

apa는 기본적으로 '무엇'의 뜻으로 쓰이지만, 명사 뒤에 오는 경우에는 '무슨, 어느, 어떤'을 의미합니다. 명사 뒤에서 주로 종류, 재료, 소재, 색깔 등에 대해서 물어볼 때 사용합니다.

· 패턴 구조 ·　　명사 + apa?　　　　　　　　　무슨/어느/어떤 ~이에요?

Ini buku apa?　　　　　　　　　　　이것은 무슨 책이에요?

Itu anjing apa?　　　　　　　　　　저것은 무슨 강아지예요?

Suami Anda orang apa?*　　　　　　당신의 남편은 어느 나라 사람이에요?

Laki-laki itu punya mobil apa?　　　그 남자는 어떤 차를 가지고 있어요?

· 회화 연습 ·

A: Apa ini?

B: Itu buku saya.

A: Buku ini buku apa?

B: Buku itu buku pelajaran bahasa Indonesia.

A: 이것은 뭐예요?

B: 그것은 제 책이에요.

A: 이 책은 무슨 책이에요?

B: 그 책은 인도네시아어 교재예요.

선생님 한마디

인도네시아어로 'Orang apa?'라고 질문하면 주로 국적이나 출신지를 물어보는 것입니다.

새단어

suami 남편, 신랑
laki-laki 남자
buku pelajaran 교재, 교과서

· 응용 패턴 ·

명사 + apa saja? : 무슨무슨 ~이에요?

Buku itu buku apa saja?　　　　　　그 책들은 무슨무슨 책들이에요?

Laki-laki itu punya mobil apa saja?　그 남자는 무슨무슨 차를 가지고 있어요?

누구?

siapa?

siapa는 '누구'의 뜻으로, 사람에 대해 물어볼 때 쓰이는 의문사입니다. apa처럼 동사 뒤에 위치하는 경우에는 주로 목적어 역할을 합니다.

패턴 구조	
Siapa + ini/itu? 또는 Ini/Itu + siapa?	이/저 분은 누구예요?
Siapa + 명사?	~은 누구예요?
명사 + siapa?	누구의 ~이에요?

Itu siapa?	그분은 누구예요?
Siapa wanita itu?	그 여자는 누구예요?
Siapa nama Anda? *	당신의 이름은 뭐예요?
Itu rumah siapa?	그것은 누구의 집이에요?

회화 연습

A: Ini sepeda siapa?

B: Itu sepeda dia.

A: Siapa dia?

B: Dia adalah teman saya.

A: 이것은 누구의 자전거예요?

B: 그것은 그의 자전거예요.

A: 그는 누구예요?

B: 그는 제 친구예요.

선생님 한마디

'이름이 뭐예요?'와 같이 이름을 묻는 질문에는 apa(무엇) 대신에 반드시 siapa를 사용해야 합니다.

새 단어

wanita 여자, 여성
nama 이름
sepeda 자전거
memanggil 부르다
mencari 찾다, 구하다

응용 패턴

타동사 + siapa? : 누구를 ~해요?

Kamu memanggil siapa? 누구를 불러요?

Anda mencari siapa? 누구를 찾으세요?

Pattern 4

언제?

kapan?

예문·회화 연습 듣기

🎧 MP3 037

kapan은 '언제'의 뜻으로, 어떤 일이 일어나는 시간에 대해 물어볼 때 사용하는 의문사입니다. 몇 년도, 몇 시, 며칠인지에 대해 정확한 시기를 물어보는 것이 아니라 단순히 어떤 시기에 대해 물어볼 때 사용합니다.

· 패턴 구조 ·

Kapan + 문장?   ~은 언제 ~해요?
Kapan + 명사?   ~은 언제예요?

Kapan dia datang?   그는 언제 와요?

Kapan Anda makan siang?   당신은 언제 점심을 드셨어요?

Kapan pesta itu?   그 파티는 언제예요?

Kapan ulang tahun anak itu?   그 아이의 생일은 언제예요?

· 회화 연습 ·

A: Kapan ulang tahun kamu?
B: Hari ini.
A: Oh, saya tidak tahu. Selamat ulang tahun!
B: Terima kasih.

A: 네 생일은 언제야?
B: 오늘이야.
A: 어, 몰랐어. 생일 축하해!
B: 고마워.

새 단어

makan siang 점심을 먹다
pesta 파티, 잔치
ulang tahun 생일
tidur 자다

· 응용 패턴 ·

Sejak kapan + 문장? : ~은 언제부터 ~해요?

Sejak kapan dia tidur?   그는 언제부터 잤나요?

Sejak kapan kamu belajar bahasa Indonesia?   인도네시아어를 언제부터 배웠나요?

어디(에)서?

di mana?

🎧 MP3 038

mana는 '어디'의 뜻으로, 전치사 di와 함께 쓰여서 어떤 동작 또는 어떤 상태가 벌어지는 곳에 대해 물어볼 때 사용합니다. 48p. 참고

· 패턴 구조 · 문장 + di mana?
Di mana + 문장?

~은 어디(에)서 ~해요?

Jakarta ada di mana?	자카르타는 어디에 있어요?
Bapak bekerja di mana?	당신은 어디서 일하세요?
Di mana kalian kuliah dan tinggal?	너희는 어디(에)서 공부하고 살아?
Di mana mereka bertemu dan berkenalan?	그들은 어디(에)서 만났고 알게 됐어요?

· 회화 연습 ·

A: Boleh saya bertanya?

B: Silakan.

A: Kamu tinggal di mana?

B: Saya tinggal di asrama.

A: 질문해도 될까요?

B: 그래요.

A: 어디에 살아요?

B: 기숙사에 살아요.

선생님 한마디

의문사 뒤에 saja를 넣으면 복수의 뜻을 더해 줍니다.

새단어

kuliah (대학교에서) 공부하다
bertemu 만나다
berkenalan 알게 되다
bertanya 질문하다, 묻다
menginap 숙박하다, 묵다

· 응용 패턴 ·

문장 + di mana saja? : ~은 어디 어디서 ~해요? *

Mereka menginap di mana saja?	그들은 어디 어디서 숙박을 했나요?
Dia mengambil foto di mana saja?	그는 어디 어디서 사진을 찍었나요?

어디에?, 어디로?

ke mana?

mana는 전치사 ke와 함께 쓰여서 동작의 목적지 또는 가는 곳의 방향이나 도착 지점에 대해 물어볼 때 사용합니다.
49p. 참고

· 패턴 구조 ·

문장 + ke mana?
Ke mana + 문장?

~은 어디에/로 ~해요?

Dia pergi ke mana?	그는 어디로 갔어요?
Orang itu masuk ke mana?	그 사람은 어디로 들어갔어요?
Ke mana kalian berdarmawisata?	너희는 어디로 수학여행을 가?
Ke mana pesawat itu terbang?	그 비행기는 어디로 비행해요?

· 회화 연습 ·

A: Anda akan berwisata ke mana?

B: Saya akan berwisata ke Jeonju.

A: Di Jeonju, Anda mau ke mana?

B: Saya mau ke Kampung Hanok.

A: 어디로 여행 갈 거예요?

B: 전주로 여행 갈 거예요.

A: 전주에서 어디에 가려고요?

B: 한옥마을에 가고 싶어요.

선생님 한마디

pun은 의문사 뒤에 붙어서 평서문으로 쓰이는 경우, '~나, ~든지'의 의미로 쓰입니다.

예 Kapan pun 언제나
siapa pun 누구든지

새단어

masuk 들어가다, 들어오다
berdarmawisata
수학여행을 가다
terbang 날다, 비행하다

· 응용 패턴 ·

동사 + ke mana pun : 어디든(지) ~하고 싶다 *

Saya mau pergi ke mana pun.

Kami mau berwisata ke mana pun.

나는 어디든 떠나고 싶다.

우리는 어디든지 여행을 가고 싶다.

Pattern 7

어디에서?, 어디로부터?

dari mana?

예문·회화 연습 듣기

🎧 MP3 040

mana는 전치사 dari와 함께 쓰여서 동작의 시작점 또는 출발하는 곳에 대해 물어볼 때 사용합니다. 시작점이 시간인 경우에는 의문사 mana 대신에 kapan(언제)을 사용합니다. 50p. 참고

· 패턴 구조 ·

문장 + dari mana?
Dari mana + 문장?

~은 어디에서/어디로부터 ~해요?

Naoko berasal dari mana? 　　나오코는 어디에서 왔어요?

Orang itu keluar dari mana? 　그 사람은 어디에서 나왔어요?

Dari mana surat-surat ini masuk? 　이 편지들은 어디로부터 온 건가요?

Dari mana kamu tahu?* 　너는 어떻게 알게 됐어요?
　　　　　　　　　　　(직역: 너는 어디로부터 알게 됐니?)

· 회화 연습 ·

A: Besok Ibu datang?

B: Ya, besok saya datang.

A: Ibu akan berangkat dari mana?

B: Saya akan berangkat dari rumah.

A: 내일 오실 건가요?

B: 네, 내일 저는 올 거예요.

A: 선생님은 어디에서 출발하실 건가요?

B: 저는 집에서 출발할 거예요.

선생님 한마디

dari mana는 출발점 뿐만 아니라 어떤 근원지 또는 출처에 대해 물어볼 때도 씁니다.

새 단어

keluar 나가다, 나오다, 외출하다
surat 편지, 서류
tahu 알다

· 응용 패턴 ·

> **Dari mana saja + 주어(명사)** : ~은 어디 갔다가 이제 왔나요?

Dari mana saja kamu? 　　　　너는 어디 갔다가 이제 왔어?

Dari mana saja orang itu? 　　그 사람은 어디 갔다가 이제 왔나요?

Pattern 8

몇?, 얼마?

berapa?

예문·회화 연습 듣기

🎧 MP3 041

berapa는 '몇, 얼마'의 뜻으로, 가격, 높이, 폭, 길이, 수 등에 대해 물어볼 때 사용합니다. 문장 가장 앞에 위치할 때만 원래의 뜻인 '몇, 얼마'를 의미합니다.

· 패턴 구조 ·

Berapa + 명사?
Berapa + 수량사 + 명사?

~은 몇 ~이에요?, ~은 얼마예요?
(명사) 몇 (수량사)?

Berapa **umur anak Anda?** *

당신 아이의 나이는 몇 살이에요?

Berapa **harga tas itu?**

저 가방의 가격은 얼마예요?

Berapa **ekor anjing?**

강아지 몇 마리?

Berapa **orang karyawan?**

직원 몇 명?

· 회화 연습 ·

A: Berapa umur orang itu?

B: Umur orang itu 30 tahun.

A: Berapa tinggi orang itu?

B: Tinggi orang itu 170 sentimeter.

A: 저 사람은 몇 살이에요?

B: 저 사람의 나이는 30살이에요.

A: 저 사람은 키가 몇이에요?

B: 저 사람의 키는 170cm예요.

선 생 님 한 마 디

인도네시아에서는 나이에 대해 잘 물어보지 않지만 가끔 자녀의 나이에 대해 물어보기도 합니다.

새 단 어

umur 나이
ekor 마리 [수량사]
karyawan 직원, 회사원

· 응용 패턴 ·

punya berapa + 수량사 + 명사? : (명사) 몇 (수량사)을 가지고 있나요?
(명사) 몇 (수량사)이 있어요?

Dia punya berapa **buah tas?**

그녀는 가방 몇 개를 가지고 있나요?

Kamu punya berapa **orang adik?**

너는 동생 몇 명이 있어?

몇 ~?

~ berapa?

예문·회화 연습 듣기

🎧 MP3 042

berapa는 몇몇의 명사 뒤에 오는 경우도 있습니다. 많지 않은 표현이기 때문에 '며칠, 몇 시, 몇 년도' 등과 같이 하나의 의문 표현처럼 외우는 것을 추천합니다.

· 패턴 구조 ·　명사 + berapa?　　　　　　　　　　　몇 ~?

Datang jam berapa?　　　　　　　　몇 시에 왔어요?

Hari ini tanggal berapa?　　　　　　오늘은 며칠이에요?

Anda lulus tahun berapa?　　　　　당신은 몇 년에 졸업했어요?

Rumah Sinta ada di lantai berapa?　신따 씨의 집은 몇 층에 있어요?

· 회화 연습 ·

A: Budi lahir tanggal berapa?

B: Tanggal 19 Februari 1985.

A: Dia menikah tahun berapa?

B: Tahun 2015.

A: 부디 씨는 며칠에 태어났어요?

B: 1985년 2월 19일.

A: 그는 몇 년도에 결혼했어요?

B: 2015년도.

새 단어

tanggal 날짜
lulus 졸업하다, 합격하다
lahir 태어나다, 탄생하다

· 응용 패턴 ·

Jam berapa + 문장?　: ~은 몇 시에 ~해요?

Jam berapa ibu tidur?　　　　　엄마는 몇 시에 자요?

Jam berapa kita berangkat?　　　우리는 몇 시에 출발해요?

왜?

mengapa?

예문·회화 연습 듣기

🎧 MP3 043

mengapa는 '왜'의 뜻으로, 어떠한 일이 왜 벌어졌는지 이유에 대해 물어볼 때 사용합니다. 일상생활에서는 구어체로 kenapa를 대신 사용할 수 있습니다.

· 패턴 구조 ·
Mengapa + 문장?

~은 왜 ~해요?

Mengapa ayah marah? — 아빠는 왜 화났어요?

Mengapa dia tidak datang? — 그는 왜 안 왔어요?

Mengapa anak itu sakit? — 그 아이는 왜 아파요?

Mengapa kamu terlambat lagi hari ini? — 너는 오늘 왜 또 지각했어?

· 회화 연습 ·

A: Mengapa kamu tidak datang kemarin?

B: Karena kemarin saya sakit.*

A: Kamu sudah sembuh sekarang?

B: Belum.

A: 어제 왜 안 왔어요?

B: 저는 어제 아팠기 때문이에요.

A: 지금은 다 나았어요?

B: 아직이요.

선생님 한 마디

이유를 나타낼 때는 주로 karena를 사용합니다.
162p. 참고

새 단어

marah 화나다
sakit 아프다
terlambat 지각하다, 늦다
lagi 또, 다시

· 응용 패턴 ·

주어 + sedang mengapa? : ~은 왜 그러고 있죠?

Dia sedang mengapa? — 그는 왜 그러고 있죠?

Kamu sedang mengapa? — 너는 왜 그러고 있지?

Pattern 11

어때요?

bagaimana?

예문·회화 연습 듣기

🎧 MP3 044

bagaimana는 '어떠한, 어떻게'의 뜻으로, 사물의 특징이나 생김새, 성격, 질 등에 대해 물어볼 때 사용하는 의문대명사입니다. '방법'을 뜻하는 cara를 뒤에 붙여서 어떠한 행위를 하는 방법에 대해 물어볼 수도 있습니다.

· 패턴 구조 ·

Bagaimana + 명사?	~은 어때요?
Bagaimana cara + 동사?	~하는 것은 어떻게 ~해요?
Bagaimana cuaca hari ini?	오늘 날씨는 어때요?
Bagaimana rasa kimci?	김치 맛은 어때요?
Bagaimana cara membuat kimci?	김치는 어떻게 만들어요?
Bagaimana cara pergi dari Seoul ke Busan?	서울에서 부산까지는 어떻게 가나요?

· 회화 연습 ·

A: Bagaimana cuaca musim dingin di Seoul?

B: Cuaca musim dingin di Seoul cukup dingin.

A: Bagaimana cara pergi ke Seoul dari Jakarta?

B: Kamu harus naik pesawat dari Jakarta.

A: 서울의 겨울 날씨는 어때요?

B: 서울의 겨울 날씨는 꽤 추워요.

A: 자카르타에서 서울은 어떻게 가나요?

B: 자카르타에서 비행기를 타야 해요.

새 단어

rasa 맛, 느낌
cara 방법
kalau ~하면
pulang cepat 조퇴하다

· 응용 패턴 ·

> **Bagaimana kalau + 문장?** : ~하는 것이 어떨까요?

Bagaimana kalau kita pergi sekarang?	우리가 지금 가는 것이 어떨까요?
Bagaimana kalau kamu pulang cepat?	네가 조퇴하는 것이 어떨까?

Pattern 12

~입니까?

apakah?

예문·회화 연습 듣기

🎧 MP3 045

apakah는 문장 앞에 위치해서 그 문장의 내용이 맞는지 확인하는 '가부의문문'입니다. 평서문의 끝부분을 올려 가부의문문 만들고, 일상생활에서는 거의 사용하지 않습니다.

· 패턴 구조 · **Apakah + 문장?**

~은 ~입니까/합니까/습니까?

Apakah ini istri Anda?

이 분은 당신의 부인입니까?

Apakah Ibu orang Korea?

당신은 한국 사람입니까?

Apakah dia bekerja dengan Anda?

그는 당신과 함께 일합니까?

Apakah Pyeongyang ada di Korea Selatan?

평양은 남한에 있습니까?

· 회화 연습 ·

A: Apakah dia teman Anda?

B: Ya, dia teman saya.

A: Apakah dia belajar bahasa Indonesia?

B: Tidak, dia tidak belajar bahasa Indonesia.

A: 그는 당신의 친구입니까?

B: 네, 그는 제 친구예요.

A: 그는 인도네시아어를 공부합니까?

B: 아니요, 그는 인도네시아어를 공부하지 않아요.

선생님 한마디

'정직한, 진실한'의 뜻을 가진 benar를 Apakah 뒤에 함께 사용할 경우, '~라는 것이 맞나요?'라는 확인의문문이 되기 때문에 '정말 ~인가요?'로 해석할 수 있습니다.

새 단어

dengan ~와 함께

· 응용 패턴 ·

Apakah benar + 문장? : ~라는 것이 맞나요?*

Apakah benar dia orang Korea?

그가 정말 한국인인가요? (직역: 그가 한국인이라는 것이 맞나요?)

Apakah benar hari ini hujan turun?

오늘 정말 비가 오나요? (직역: 오늘 비가 온다는 것이 맞나요?)

5장

조동사
활용하기

인도네시아어에서 '동사' 앞에 위치하고 동사의 뜻을 더해 주는
역할을 하는 것이 바로 '조동사'입니다. 인도네시아어의 조동사
를 학습해 보세요.

원하다

mau

예문·회화 연습 듣기

🎧 MP3 046

mau는 어떠한 행위를 하고 싶다/원한다는 것을 의미하는 조동사로, 뒤에 명사나 동사가 올 수 있습니다.

패턴 구조	mau + 명사	~을 원하다
	mau + 동사	~하고 싶다, ~하려고 하다, ~할래요

Dia mau es krim itu.

그는 그 아이스크림을 원한다.

Adik saya mau tanda tangan artis itu.

내 동생은 그 연예인의 사인을 원한다.

Kami mau berlibur bulan depan.

우리는 다음 달에 여행 가려고 해요.

Saya mau tidur dulu.*

나는 우선 잘래.

회화 연습

A: Kamu mau makan apa?

B: Saya mau makan roti bakar.

A: Kamu mau minum apa?

B: Saya mau teh hangat.

A: 너는 뭐 먹고 싶어?

B: 나는 토스트가 먹고 싶어.

A: 뭐 마실래?

B: 따뜻한 차를 원해.

선생님 한마디

1. dulu는 '옛날, 예전'의 뜻이지만, 동사 뒤에 오는 경우에는 '먼저, 우선'을 의미합니다.

2. 「mau+동사」 구조는 일상생활에서 강한 의지나 계획을 나타내는 akan과 같은 의미로 쓰입니다. 111p. 참고

새 단어

es krim 아이스크림
tanda tangan 사인, 서명
artis 연예인
bulan depan 다음 달
dulu 옛날, 예전, 우선, 먼저
roti bakar (인도네시아식) 토스트
beristirahat 쉬다, 휴식을 갖다
minggu depan 다음 주

응용 패턴

mau + 동사 : ~할 것이다 **

Kami mau beristirahat.

우리는 쉴 것이다.

Saya mau berlibur minggu depan.

나는 다음 주에 여행을 갈 것이다.

Pattern 2

~할 줄 알다, ~할 수 있다

bisa

예문·회화 연습 듣기
🎧 MP3 047

bisa는 어떤 행위를 할 능력이나 실력이 있다는 것을 의미하는 조동사로, 뒤에 동사가 위치합니다. 독해나 시사에서는 주로 dapat 또는 mampu로 대체해서 표현합니다.

· 패턴 구조 · bisa + 동사   ~할 줄 알다, ~할 수 있다

Saya bisa bersepeda.   나는 자전거를 탈 줄 안다.

Orang itu bisa berbahasa Indonesia.   그 사람은 인도네시아어를 할 줄 안다.

Kami bisa melihat gunung itu.   우리는 그 산을 볼 수 있다.

Mereka bisa pulang jam 5 sore nanti.*   그들은 이따 오후 5시에 퇴근할 수 있다.

· 회화 연습 ·

A: Besok Anda bisa datang jam berapa?

B: Saya bisa datang jam 7 pagi.

A: Anda bisa datang lebih cepat?

B: Maaf. Saya tidak bisa.

A: 내일 몇 시에 올 수 있으세요?

B: 아침 7시에 올 수 있어요.

A: 더 일찍 올 수 있어요?

B: 죄송해요. 할 수 없어요.

· 선생님 한 마디 ·

bisa는 허가 또는 허락이 되어 어떤 일이 가능하다는 의미로 조동사 boleh와 동일하게 쓰이기도 합니다. **94p. 참고**

· 새 단어 ·

bersepeda 자전거를 타다
melihat 보다
gunung 산
nanti 이따가, 나중에

· 응용 패턴 ·

Bisa jadi + 문장 : ~은 ~할 수도 있다/했을 수도 있다

Bisa jadi mereka pandai berenang.   그들은 수영을 잘할 수도 있다.

Bisa jadi dia tidak datang.   그는 안 왔을 수도 있다.

~해도 된다, ~하면 된다, ~할 수 있다

boleh

예문·회화 연습 듣기

🎧 MP3 048

boleh는 허락의 의미로 어떤 행위를 하는 것이 허락된다는 것을 보여 주는 조동사입니다. 다른 조동사처럼 boleh 뒤에 동사가 위치합니다. bisa와 같이 실력이 있어서 어떤 것을 '할 줄 안다'는 의미도 있지만, 주로 '~하면 된다, ~해도 좋다'라는 의미로 많이 쓰입니다.

• 패턴 구조 • **boleh + 동사**

~해도 된다, ~하면 된다, ~할 수 있다

Kami boleh bermain setelah belajar. | 우리는 공부한 후에는 놀아도 된다.

Teman saya boleh menjenguk saya. | 내 친구는 내 병문안을 와도 된다.

Saya boleh menyetir mobil. | 나는 자동차를 운전할 수 있다.

Anda boleh menelepon saya kapan pun. | 당신은 언제든지 저에게 전화할 수 있어요.

• 회화 연습 •

A: Ayo kita berolahraga! *

B: Saya tidak boleh berolahraga.

A: Kenapa?

B: Saya sedang sakit.

A: 우리 운동합시다!

B: 나는 운동하면 안 돼요.

A: 왜요?

B: 나는 지금 아파요.

선 생 님 한 마 디

ayo는 청유 감탄사로 문장 앞에 위치해서 청유문을 형성합니다.

새 단 어

setelah ~한 후
menjenguk 병문안하다, 방문하다
menelepon 전화하다,
　　　　　　전화를 걸다

• 응용 패턴 •

belum boleh + 동사 : 아직 ~하면 안 된다

Dia belum boleh menyetir. | 그는 아직 운전하면 안 된다.

Saya belum boleh pulang. | 나는 아직 집에 가면 안 된다.

~해야 한다/된다

harus

harus는 무엇인가를 필수적 또는 의무적으로 해야 한다/해야 된다는 것을 의미합니다. 다른 조동사처럼 harus 뒤에 동사가 위치하며, 독해나 시사에서는 주로 wajib으로 대체해서 표현합니다.

· 패턴 구조 ·   harus + 동사   ~해야 한다, ~해야 된다

Saya harus makan.   나는 밥을 꼭 먹어야 한다.

Murid-murid harus belajar dengan rajin.   학생들은 열심히 공부해야 한다.

Ayah harus menemani ibu.   아빠는 엄마를 동행해야 된다.

Mereka harus mengumpulkan laporan itu besok.   그들은 내일 그 보고서를 제출해야 된다.

· 회화 연습 ·

A: Kamu harus apa pada hari Minggu?*

B: Saya harus pergi ke gereja pada hari Minggu.

A: Kamu harus pergi ke gereja jam berapa?

B: Jam 10 pagi.

A: 일요일에 무엇을 해야 해요?

B: 일요일에 교회에 가야 해요.

A: 몇 시에 교회에 가야 해요?

B: 아침 10시요.

선생님 한마디

'harus apa?'는 무엇을 해야 하는지에 대해 물어볼 때 쓰는 표현입니다.

새단어

murid 학생, 제자
menemani 동반하다, 동행하다
mengumpulkan 제출하다,
                  모으다
laporan 보고서
gereja 교회, 성당

· 응용 패턴 ·

 tidak harus + 동사 : ~할 필요 없다, ~하지 않아도 된다

Saya tidak harus minum obat.   나는 약을 먹을 필요가 없다.

Kami tidak harus membuat PR.   우리는 숙제를 안 해도 된다.

Pattern 5

필요하다

perlu

예문·회화 연습 듣기

🎧 MP3 050

perlu는 '필요하다'의 뜻으로, 명사가 뒤에 위치할 경우에는 일반 타동사로 쓰이는 반면, 동사가 위치할 경우에는 조동사 역할을 합니다. 조동사로 쓰이는 경우에는 '개인적으로 무엇을 해야 한다'는 것을 의미합니다. 영어의 need와 비슷합니다.

· 패턴 구조 ·

perlu + 명사	～이 필요하다
perlu + 동사	～할 필요가 있다, ～해야 한다

Saya perlu tas baru. 　　　　　　　　나는 새 가방이 필요하다.

Ayah perlu mobil itu besok. 　　　　　아빠는 내일 그 자동차가 필요하다.

Adik saya perlu mengisi bensin motornya. 　동생은 그의 오토바이에 기름을 넣을 필요가 있다.

Kami perlu memesan makan malam. 　우리는 저녁 식사를 주문해야 한다.

· 회화 연습 ·

A: Kamu mau ke mana?

B: Saya mau ke toko buku.

A: Untuk apa?

B: Saya perlu membeli buku gambar.

A: 어디에 가려고요?

B: 서점에 가려고요.

A: 뭐 하려요?

B: 드로잉북을 사야 해요.

선 생 님 한 마 디

일상생활에서 '～ 안 해도 된다'의 구어체 표현은 tidak perlu 대신 tidak usah를 주로 사용합니다.

새 단 어

mengisi 채우다
bensin 연료, 가솔린, 휘발유
buku gambar 드로잉북,
　　　　　　　　　스케치북
khawatir 걱정하다, 불안하다

· 응용 패턴 ·

> tidak perlu + 동사 : ～할 필요가 없다, ～ 안 해도 된다*

Kita tidak perlu khawatir dulu. 　　　우리는 아직 걱정할 필요가 없다.

Kamu tidak perlu datang besok. 　　너는 내일 안 와도 된다.

좋아하다

suka

🎧 MP3 051

동사 suka는 '좋아하다'의 뜻이지만, suka 뒤에 명사가 오는 경우에는 타동사로 쓰이는 반면, 동사가 오는 경우에는 조동사의 역할을 합니다. '자주, 잘'을 뜻하는 형용사 suka와는 용도가 다르기 때문에 쓰임에 주의하세요. **137p. 참고**

· 패턴 구조 ·

suka + 명사   ~을 좋아하다

suka + 동사   ~하는 것을 좋아하다

Saya suka buah-buahan.   나는 과일을 좋아한다.

Ibu suka masakan Thailand.   엄마는 태국 요리를 좋아한다.

Kakek suka berjalan-jalan di taman.   할아버지는 공원에서 산책하는 것을 좋아한다.

Adik suka bermain di lapangan sekolah.   동생은 학교 운동장에서 노는 것을 좋아한다.

· 회화 연습 ·

A: Kenapa kamu suka gado-gado?

B: Karena saya suka sayur-sayuran.

A: Saya juga.

B: Kita makan gado-gado, yuk!

A: 너는 왜 가도가도를 좋아해?

B: 나는 야채를 좋아하니까.

A: 나도.

B: 우리 가도가도를 먹으러 가자!

새 단 어

buah-buahan 과일, 과일류
masakan 요리, 음식
lapangan 운동장, 광장
gado-gado 가도가도
          (인도네시아식 샐러드)

· 응용 패턴 ·

tidak begitu suka + 명사/동사 : ~을 별로 안 좋아하다

Saya tidak begitu suka susu.   나는 우유를 별로 안 좋아한다.

Mereka tidak begitu suka belajar.   그들은 공부하는 것을 별로 안 좋아한다.

6장

빈도 부사
활용하기

인도네시아어의 '빈도 부사'는 일종의 '조동사'입니다. 즉, '동사' 앞에 위치하고 동사의 뜻을 더해 줍니다. 인도네시아어의 빈도 부사를 학습해 보세요.

자주

sering

🎧 MP3 052

sering은 '자주'의 뜻으로, 동사뿐만 아니라 몇몇의 형용사, 특히 감정 관련 형용사 앞에 위치해서 '자주 ~하다'라는 의미를 나타냅니다.

• 패턴 구조 •   sering + 동사/형용사   자주 ~하다

Anak itu sering usil.	그 아이는 (남을) 자주 괴롭힌다.
Kakak sering berolahraga.	오빠는 운동을 자주 한다.
Ibu sering mengirim lauk-pauk.	엄마는 반찬을 자주 보내 주신다.
Bapak itu sering marah.	저 남자는 화를 잘 낸다.*

• 회화 연습 •

A: Hendra! Kamu sering makan di kantin?
B: Ya, saya sering makan di sana.
A: Biasanya kamu makan apa?
B: Biasanya saya makan nasi goreng.

A: 헨드라 씨! 구내식당에서 자주 먹나요?
B: 네, 거기서 자주 먹어요.
A: 주로 무엇을 먹나요?
B: 주로 나시고렝을 먹어요.

• 선생님 한마디 •

sering은 '자주'의 뜻이지만 빈도가 잦다는 의미로 축약해서 '잘'로도 해석할 수 있습니다.

• 새단어 •

usil 방해하다, 괴롭히다
kantin 구내식당
kepada ~에게
lauk-pauk (여러 가지) 반찬

• 응용 패턴 •

> sering + 형용사 + kepada + 사람 : ~에게 자주 ~하다

Anak itu sering usil kepada temannya.   저 아이는 친구를 자주 방해한다.
Bapak itu sering marah kepada anaknya.   저 남자는 자식에게 화를 잘 낸다.

Pattern

2

늘, 항상

selalu

🎧 MP3 053

selalu는 '항상, 늘'의 뜻으로, 동사뿐만 아니라 몇몇의 형용사, 특히 감정 관련 형용사의 앞에 위치해서 '항상 ~하다'라는 의미를 나타냅니다.

· 패턴 구조 · selalu + 동사/형용사   늘/항상 ~하다

Anak itu selalu ceria.   그 아이는 늘 밝다.

Gadis itu selalu cantik.   그 소녀는 늘 예쁘다.

Laki-laki itu selalu bertopi.   저 남자는 항상 모자를 쓴다.

Dia selalu berpakaian serba hitam.   그는 항상 다 검은색(올블랙) 옷을 입는다.

· 회화 연습 ·

A: Itu siapa?

B: Itu Ani, teman saya.

A: Dia selalu berpakaian serba biru?

B: Ya. Dia selalu begitu.

A: 그 사람 누구예요?

B: 그녀는 제 친구인 아니에요.

A: 그녀는 항상 다 파란색 옷을 입어요?

B: 네. 그녀는 늘 그래요.

선생님 한마디

kalau는 '~하면, ~라면'의 뜻을 가진 접속사입니다. 165p. 참고

새 단어

ceria 명랑하다, 밝다
bertopi 모자를 쓰다
berpakaian 옷을 입다
serba 모든 것이 다, 모든 면이 다
hitam 검은색

· 응용 패턴 ·

selalu + 동사/형용사 + kalau + 문장/동사/형용사 : ~하면 항상/늘 ~하다 *

Dia selalu menangis kalau gelisah.   그녀는 불안하면 항상 운다.

Kami selalu senang kalau dia datang.   우리는 그가 오면 늘 기뻐한다.

2단계 · 짧은 문장 익히기　**101**

잘 안 ~하다, 잘 ~하지 않다

jarang

예문·회화 연습 듣기

🎧 MP3 054

jarang은 '드물다'의 뜻으로, 동사뿐만 아니라 몇몇의 형용사, 특히 감정 관련 형용사의 앞에 위치해서 '잘 ~하지 않다'라는 의미를 나타냅니다.

· 패턴 구조 ·   jarang + 동사/형용사   잘 안 ~하다, 잘 ~하지 않다

Dia jarang datang.	그는 잘 안 온다.
Kami jarang berjajan.	우리는 (간식을) 잘 안 사 먹는다.
Anak saya jarang murung.	우리 아이는 잘 우울해하지 않는다.
Ibu guru jarang kesal di kelas.	선생님은 수업 시간에 짜증을 잘 내지 않는다.

· 회화 연습 ·

A: Kamu tahu Andi?

B: Ya, tetapi saya jarang bertemu dengannya.

A: Kenapa?

B: Dia jarang datang ke kampus.

A: 혹시 안디를 알아요?

B: 네, 하지만 저는 그를 잘 못 만나요.

A: 왜요?

B: 그는 학교에 잘 안 와요.

선생님 한마디

walaupun은 '비록 ~할지라도, ~하더라도, ~하지만, ~한데도' 등을 뜻하는 접속사입니다.
167p. 참고

새 단어

berjajan (간식 따위) 사다, 구매하다
murung 우울하다, 시무룩하다
kesal 짜증 나다, 언짢다,
　　　 기분 나쁘다
gemuk 통통하다
nakal 짓궂다, 개구쟁이의

· 응용 패턴 ·

jarang + 동사/형용사 + walaupun + 동사/형용사 : ~할지라도/한데도/하지만 잘 ~하지 않다*

Dia jarang berolahraga walaupun gemuk.	그는 통통한데도 운동을 잘 안 한다.
Ayah jarang marah walaupun kami nakal.	아빠는 우리가 짓궂게 해도 화를 잘 안 내신다.

Pattern 4

가끔

kadang-kadang

예문·회화 연습 듣기

🎧 MP3 055

kadang-kadang은 '가끔'의 뜻으로, 동사뿐만 아니라 몇몇의 형용사, 특히 감정 관련 형용사의 앞에 위치해서 '가끔 ~하다'라는 의미를 나타냅니다.

· 패턴 구조 ·   kadang-kadang + 동사/형용사   가끔 ~하다

Adik saya kadang-kadang sakit.   내 동생은 가끔 아파요.

Kami kadang-kadang bingung.   우리는 가끔 당황한다.

Saya kadang-kadang berolahraga.   나는 가끔 운동한다.

Mereka kadang-kadang makan di kantin.   그들은 가끔 구내식당에서 먹는다.

· 회화 연습 ·

A: Kamu sering berolahraga?

B: Tidak, saya jarang berolahraga.

A: Biasanya berolahraga di mana?

B: Saya kadang-kadang berolahraga di rumah.

A: 운동을 자주 하나요?

B: 아니요, 저는 운동을 잘 안 해요.

A: 평소에 어디에서 운동하나요?

B: 저는 가끔 집에서 운동을 해요.

새 단어

bingung 당황하다, 어리둥절하다
pusing 어지럽다, 머리가 아프다
capai 피곤하다

· 응용 패턴 ·

kadang-kadang + 동사/형용사 + waktu + 문장/동사/형용사 : ~할 때 가끔 ~하다

Saya kadang-kadang pusing waktu bekerja.   나는 일할 때 가끔 머리가 아프다.

Orang itu kadang-kadang tidur waktu capai.   그 사람은 피곤할 때 가끔 잔다.

7장

시제 없이
시간 표현하기

인도네시아어에는 '시제'가 없습니다. 대신, 시간적인 표현을 나타내는 '조동사'들이 있습니다. 이때의 조동사는 시제를 사용할 때처럼 꼭 '과거, 현재, 미래'의 시간과 맞게 사용하는 것이 아니라 전달하고자 하는 뜻에 맞게 사용해야 합니다.

~하고 있다

sedang ~

예문·회화 연습 듣기

🎧 MP3 056

sedang은 현재 어떤 동작이나 상태가 지속되고 있다는 것을 보여 주는 조동사입니다. 동사뿐만 아니라 몇몇의 형용사 앞에 위치해서 '~하고 있다, ~하는 중이다'라는 의미를 나타냅니다.

· 패턴 구조 ·

sedang + 동사   ~하고 있다

sedang + 형용사*   (지금) ~하다

Bayi itu sedang tidur.   그 아이는 자고 있다.

Rekan saya sedang bergadang.   내 동료는 밤을 새우고 있다.

Kami sedang lapar.   우리는 (지금) 배가 고프다.

Teman saya sedang sakit.   내 친구는 (지금) 아프다.

· 회화 연습 ·

A: Kamu sedang apa?

B: Saya sedang beristirahat.

A: Kenapa kamu beristirahat?

B: Karena saya sedang tidak enak badan.

A: 뭘 하고 있어요?

B: 쉬고 있어요.

A: 왜 쉬고 있어요?

B: 지금 컨디션이 안 좋아서요.

선생님 한 마디

sedang이 형용사와 함께 쓰이는 경우, 주어가 어떠한 상태에 있다는 것을 더 강조합니다.

새 단어

rekan 동료, 동업자
bergadang 밤을 새우다
buku harian 다이어리, 일기장

· 응용 패턴 ·

sedang apa? : 뭐 하고 있어?

Kamu sedang apa?   뭐 하고 있어요?

Dia sedang apa sekarang?   그는 지금 뭐 하고 있어요?

Pattern 2

아직도, 여전히

masih ~

예문·회화 연습 듣기

🎧 MP3 057

masih는 어떤 동작이나 상태가 전부터 현재까지 계속 또는 여전히 지속되고 있고 아직 끝나지 않았다(미완료)는 것을 보여 주는 조동사입니다. 동사뿐만 아니라 몇몇의 형용사 앞에 위치해서 '아직도/여전히 ~하고 있다'라는 의미를 나타냅니다.

· 패턴 구조 ·	
masih + 동사	아직도/여전히 ~하고 있다
masih + 형용사	아직도/여전히 ~하다

Adik masih mengerjakan PR.	동생은 아직도 숙제를 하고 있다.
Mereka masih tinggal di sana.	그들은 여전히 거기에 살고 있다.
Saya masih kaget karena kejadian itu.	나는 그 일 때문에 아직도 놀란다.
Ayah masih kecewa karena adik.	아빠는 동생 때문에 여전히 실망해 하신다.

· 회화 연습 ·

A: Kamu mau makan siang sekarang?

B: Tidak, saya masih kenyang.

A: Kalau begitu, saya makan duluan, ya.

B: Iya, silakan.

A: 지금 점심 먹을래요?

B: 아니요, 저는 아직 배불러요.

A: 그러면 저는 먼저 먹을게요.

B: 네, 맛있게 드세요.

새 단어

mengerjakan 수행하다, 해내다, 풀다
PR (pekerjaan rumah) 숙제
kaget (깜짝) 놀라다
kecewa 실망하다

· 응용 패턴 ·

masih belum + 동사/형용사 : 아직 ~하지 않다

Orang itu masih belum dewasa.   그 사람은 아직 성숙하지 않았다.   → 아직 철들지 않았다는 의미

Kami masih belum beristirahat.   우리는 아직 제대로 쉬지 않았다.

다 ~했다, ~하고 왔다

sudah ~

예문·회화 연습 듣기

🎧 MP3 058

sudah은 현재 어떤 동작이 현재 이미 완료되었다는 것이 문장의 초점이 되거나 어떠한 상태가 이미 완벽히 되었다는 것을 보여 주는 조동사입니다. 동사뿐만 아니라 몇몇의 형용사 앞에 위치해서 '다 ~했다, ~하고 왔다, 다 ~해졌다'라는 의미를 나타냅니다.

· 패턴 구조 ·

sudah + 동사   다 ~했다, ~하고 왔다
sudah + 형용사   (이미) 다 ~했다/해졌다

Kami sudah makan siang.   우리는 점심을 다 먹었다.

Ayah sudah pulang dari kantor.   아빠는 회사에서 퇴근했다.

Wanita itu sudah sehat.   그 여자는 (질병에서) 다 회복됐다.

Anak itu sudah besar dan dewasa.   그 아이는 (이미) 다 커서 성숙해졌다.

· 회화 연습 ·

A: Kamu sudah makan malam?

B: Ya, saya sudah makan malam.

A: Kamu makan apa?

B: Saya makan nasi goreng.

A: 저녁 먹었어요?

B: 네, 저녁 먹고 왔어요.

A: 무엇을 먹었어요?

B: 나시고렝을 먹었어요.

선생님 한마디

sudah는 한국어의 과거시제 '~
았/었다'가 아닙니다. 그 행위를
했는지 또는 그 상태가 됐는지를
보여 주기 위해 쓰지만, 단지 무엇
을 또는 어디서, 언제 했는지 말할
때는 sudah를 쓰지 않습니다.
22p. 참고

새 단어

sehat 건강하다

· 응용 패턴 ·

sudah + 기간 + 동사 : ~한 지 ~이 되었다

Saya sudah 5 tahun bekerja.   나는 일한 지 5년이 되었다.
Kami sudah 2 hari menginap di sini.   우리는 여기서 숙박한 지 이틀이 되었다.

Pattern 4

~한 적이 있다

pernah ~

예문·회화 연습 듣기

♩ MP3 059

pernah는 과거에 어떤 동작을 한 적이 있거나 어떠한 상태가 된 적이 있다는 것을 보여 주는 조동사입니다. 동사뿐만 아니라 몇몇의 형용사 앞에 위치해서 '~한 적이 있다'라는 의미를 나타냅니다.

· 패턴 구조 · pernah + 동사/형용사   ~한 적이 있다

Mereka pernah bertengkar.   그들은 싸운 적이 있다.

Ibu pernah marah kepada saya.   엄마는 내게 화난 적이 있다.

Saya pernah sebal kepada kamu.   나는 너에게 열받은 적이 있다.

Kita pernah berkunjung ke sana.   우리는 그곳을 방문한 적이 있다.

· 회화 연습 ·

A: Kamu pernah ke Blok M?

B: Ya. Saya pernah ke Blok M.

A: Kamu tahu toko Sinta?

B: Ya. Saya pernah berbelanja di sana.

A: 블록엠에 가 본 적이 있어요?

B: 네. 블록엠에 가 본 적이 있어요.

A: 신따라는 가게를 알아요?

B: 네. 거기서 장본 적이 있어요.

선생님 한마디

sudah pernah는 사실 pernah 와 크게 다르지 않습니다. sudah 는 '~한 적이 있다'는 것을 강조합니다.

새 단어

bertengkar 싸우다, 다투다
sebal 열받다, 짜증 나다, 불쾌하다
berkunjung 방문하다

· 응용 패턴 ·

sudah pernah + 동사 : ~한 적이 있었다*

Kami sudah pernah makan bibimbap.   우리는 비빔밥을 먹어 본 적이 있었다.

Ibu sudah pernah bertemu dengan Andi.   엄마는 안디 씨와 만난 적이 있었다.

2단계 · 짧은 문장 익히기 **109**

Pattern 5

(겨우) ~할 수 있다, ~할 여유가 있다

sempat ~

예문·회화 연습 듣기

🎧 MP3 060

sempat은 과거에 여유나 기회가 생겨서 어떤 동작을 할 수 있게 되었다는 것을 보여 주는 조동사입니다. 동사뿐만 아니라 몇몇의 형용사 앞에 위치해서 '(겨우) ~할 수 있다, ~할 여유가 있다, ~했었다'라는 의미를 나타냅니다.

• 패턴 구조 •

sempat + 동사	(겨우) ~할 수 있다, ~할 여유가 있다
sempat + 형용사	~했었다

Dia sempat membeli tiket.	그는 (겨우) 그 티켓을 살 수 있었다.
Saya sempat mampir ke situ nanti.	나는 이따가 거기에 들를 여유가 있다.
Saya sempat kaget.	나는 깜짝 놀랐었다.
Ayah saya sempat sukses waktu muda.	우리 아빠는 젊었을 때 성공했었다.

• 회화 연습 •

A: Kamu sempat membeli buku itu?
B: Ya. Saya sempat membeli buku itu tadi.
A: Terima kasih, ya.
B: Sama-sama.

A: 그 책을 살 수 있었어요?
B: 네. 아까 그 책을 겨우 살 수 있었어요.
A: (사다 줘서) 고마워요.
B: 별말씀을요.

• 새 단어 •

tiket 티켓, 표
mampir 들르다, 잠깐 방문하다
situ 거기, 그곳
sukses 성공하다
muda 젊다, 어리다
WC 화장실

• 응용 패턴 •

masih sempat + 동사 : 아직 ~할 여유가 있다

Saya masih sempat ke WC.	나는 아직 화장실에 갈 여유가 있다.
Dia masih sempat makan siang.	그는 아직 점심을 먹을 여유가 있다.

110 패턴의 법칙 인도네시아어 *첫걸음*

～할 것이다, ～하겠다
akan ～

MP3 061

akan은 앞으로 어떤 동작을 하거나 할 계획이 있다는 것, 또는 어떠한 상태가 될 것이라는 것을 보여 주는 조동사입니다. 동사뿐만 아니라 몇몇의 형용사 앞에 위치해서 '～할 것이다, ～하겠다'라는 의미를 나타냅니다.

· 패턴 구조 ·

akan + 동사/형용사   ～할 것이다, ～하겠다

Kami akan naik pesawat.	우리는 비행기를 탈 것이다.
Saya akan belajar dengan rajin.	나는 열심히 공부할 것이다.
Dia akan sangat kecewa.	그는 아주 실망할 것이다.
Saya akan senang sekali.	나는 아주 기쁠 것이다.

· 회화 연습 ·

A: Apa rencana kamu besok?
B: Besok saya akan berjalan-jalan ke pantai.
A: Saya ikut, ya?
B: Silakan.

A: 내일 계획이 뭐예요?
B: 내일 나는 해변가로 놀러 갈 거예요.
A: 나 따라가도 되죠?
B: 그럼요.

새 단어

pesawat 비행기
senang 기쁘다, 즐겁다, 반갑다
tidak ～지 않다, 안 ～하다
hadir 참석하다, 출석하다
libur (휴일 때문에) 쉬다,
     영업 안 하다

· 응용 패턴 ·

akan + 형용사 + kalau + 문장/동사/형용사 : ～하면 ～할 것이다

Dia akan kecewa kalau kamu tidak hadir.   네가 참석하지 않으면 그가 아주 실망할 것이다.
Saya akan senang sekali kalau besok libur.   내일 쉬면 나는 아주 기쁠 것이다.

8장

부정문
만들기

인도네시아어의 '부정사'는 3가지 유형이 있고 '부정문'은 부정 사에 따라 3가지 유형이 있습니다. 기본적으로, 동사와 형용사 를 부정시키는 '~하지 않다'와 명사를 부정시키는 '~이 아니 다'가 있으며, '아직 ~하지 않다'라는 뜻을 가진 부정사도 있습 니다. 학습자들이 많이 틀리는 한국어 부정 표현으로는 '없다' 에 해당하는 'tidak punya'도 있습니다.

Pattern 1

~이 아니다

bukan ~

예문·회화 연습 듣기

🎧 MP3 062

bukan은 '아니다'의 뜻인 명사를 부정시키는 부정사로 명사 앞에 위치합니다. bukan의 반대말이 adalah이기 때문에 adalah와는 함께 쓰이지 않습니다.

· 패턴 구조 · bukan + 명사

~이 아니다

Saya bukan polisi.	나는 경찰이 아니다.
Dia bukan orang Indonesia.	그는 인도네시아 사람이 아니다.
Sinta bukan anak pak Anwar.	신따 씨는 안와르 씨의 아이가 아니다.
Mereka bukan karyawan PT Adil.	그들은 아딜 주식회사의 회사원이 아니다.

· 회화 연습 ·

A: Apakah itu kucing?

B: Bukan. Itu bukan kucing.*
   Itu adalah anjing.

A: Oh, ya?

A: 그것은 고양이예요?

B: 아니요. 그것은 고양이가 아니에요.
   그것은 강아지예요.

A: 아, 그래요?

선생님 한마디

가부의문문의 대답으로 문장의 서술어가 명사인 경우, '아니요'라고 답할 때 bukan을 씁니다.

새 단어

polisi 경찰, 경찰관
PT (perusahaan terbatas) 주식회사
satpam 경비원

· 응용 패턴 ·

bukan 명사 A, melainkan 명사 B : A가 아니라 B이다

Saya bukan polisi, melainkan satpam.	나는 경찰이 아니라 경비원이다.
Dia bukan orang Jepang, melainkan orang Korea.	그는 일본 사람이 아니라 한국 사람이다.

~하지 않다, 안 ~하다

tidak ~

예문·회화 연습 듣기

🎧 MP3 063

tidak은 '~지 않다'의 뜻으로, 동사나 형용사를 부정시키는 부정사로 동사나 형용사 앞에 위치합니다. 일상생활에서 구어체로 쓰일 때는 tidak 대신 enggak을 씁니다.

· 패턴 구조 · tidak + 동사/형용사 | ~하지 않다, 안 ~하다

Saya tidak bekerja. | 나는 일하지 않는다.

Pak Amir tidak tinggal di apartemen. | 아미르 씨는 아파트에 살지 않는다.

Ibu guru saya tidak galak. | 우리 선생님은 엄격하지 않다.

Gaun itu tidak mahal, tetapi tidak bagus. | 그 드레스는 안 비싸지만 안 예쁘다.

· 회화 연습 ·

A: Apakah Anda bekerja di sini?

B: Tidak. Saya tidak bekerja di sini.*

A: Oh, maaf.

B: Tidak apa-apa.

A: 여기서 일하세요?

B: 아니요. 저는 여기서 일하지 않아요.

A: 아, 죄송해요.

B: 괜찮아요.

선생님 한마디

가부의문문의 대답으로 문장의 서술어가 동사나 형용사인 경우, '아니요'라고 답할 때 tidak을 씁니다.

새 단어

galak 엄격하다, 사납다
gaun 드레스, 가운

· 응용 패턴 ·

tidak 동사/형용사 A, tetapi 동사/형용사 B : A하지 않지만 B하다

Saya tidak bekerja, tetapi punya uang. | 나는 일하지 않지만 돈이 있다.

Gaun itu tidak mahal, tetapi bagus. | 그 드레스는 비싸지 않지만 좋다.

Pattern 3

아직 안 ~하다, 아직 ~하지 않다

belum ~

예문·회화 연습 듣기

🎧 MP3 064

belum은 '아직 ~지 않다'의 뜻으로, 동사나 형용사를 부정시키는 부정사로 동사나 형용사 앞에 위치합니다.

패턴 구조 belum + 동사/형용사　　　　아직 안 ~하다, 아직 ~하지 않다

Saya belum sarapan.	나는 아침을 아직 안 먹었다.
Dia belum mengerjakan tugas.	그는 과제를 아직 안 했다.
Ria belum kenyang.	리아 씨는 아직 배부르지 않다.
Atasan saya belum puas.	우리 상사는 아직 만족하지 않다.

회화 연습

A: Kamu sudah makan pagi?

B: Belum. Saya belum makan pagi.*

A: Kamu mau makan sekarang?

B: Boleh.

A: 아침 먹었어요?

B: 아니요. 아침을 아직 안 먹었어요.

A: 지금 먹을래요?

B: 그래요.

선생님 한마디

가부의문문의 대답으로 문장의 서술어가 동사나 형용사이고 '아직 ~하지 않다'의 뜻을 나타내는 경우, '아니요'라고 답할 때 belum을 씁니다.

새 단어

sarapan 조식, 아침을 먹다
tugas 과제, 임무
kenyang 배부르다
atasan 상사
puas 만족하다, 만족스러워하다

응용 패턴

belum bisa + 동사 : 아직 ~할 수 없다

Saya belum bisa berbahasa Indonesia.	나는 인도네시아어를 아직 할 수 없다.
Dia belum bisa menyetir mobil.	그는 자동차를 아직 운전할 수 없다.

Pattern 4

~이 없다

tidak punya ~

예문·회화 연습 듣기

🎧 MP3 065

punya는 '가지고 있다, 소유하다'의 뜻으로, punya 앞에 tidak을 위치시키면 '~이 없다, ~을 가지지 않다'의 부정 표현이 됩니다.

· 패턴 구조 ·   tidak punya + 명사   ~이 없다

Saya tidak punya kakak.	나는 손위가 없다.
Ibu tidak punya uang untuk berbelanja.	엄마는 장을 보기 위한 돈이 없다.
Ahmad tidak punya acara akhir minggu ini.	아흐마드는 이번 주말에 할 일이 없다.
Pengemis itu tidak punya rumah dan keluarga.	그 거지는 집과 가족이 없다.

· 회화 연습 ·

A: Budi! Kamu punya adik?

B: Ya. Saya punya seorang adik.

A: Kamu punya kakak?

B: Tidak. Saya tidak punya.

A: 부디 씨! 동생 있어요?

B: 네. 동생이 한 명 있어요.

A: 형도 있어요?

B: 아니요. (저는 형이) 없어요.

· 새 단어 ·

pengemis 구걸하는 사람, 거지
sedikit pun 조금도 (~없다)
masalah 문제

· 응용 패턴 ·

tidak punya + 명사 + sedikit pun : ~이 하나도 없다

Saya tidak punya uang sedikit pun.	나는 돈이 하나도 없다.
Kami tidak punya masalah sedikit pun.	우리는 문제가 하나도 없다.

3단계

긴 문장
익히기

9장

동사와 동사가
만났을 때

인도네시아어의 '동사'는 경우에 따라서 다른 동사와 같이 결합
하여 조동사처럼 그 의미를 강조해 주는 역할도 합니다. 다른
동사와 결합해서 사용 빈도가 높은 동사들을 학습해 보세요.

~하러 가다
pergi ~

pergi는 '가다'의 뜻을 가진 동사로, 다른 동사 앞에 위치하면 '~하러 간다'라는 의미를 나타냅니다. 이 표현은 'pergi untuk ~(~하기 위해서 간다)'의 줄임 표현입니다.

· 패턴 구조 · pergi + 동사   ~하러 가다

Saya pergi keluar.	나는 외출하러 간다.
Ayah pergi bekerja.	아빠는 일하러 가신다.
Ibu pergi berbelanja ke pasar.	엄마는 시장에 장 보러 가신다.
Kami pergi berwisata ke Eropa naik pesawat.	우리는 비행기를 타고 유럽에 관광하러 간다.

· 회화 연습 ·

A: Kamu pergi ke mana kemarin?

B: Kemarin saya pergi berenang ke laut.

A: Kamu pergi dengan siapa?

B: Saya pergi sendiri.

A: 어제 어디 갔었어요?

B: 어제 바다에 수영하러 갔었어요.

A: 누구랑 갔어요?

B: 혼자 갔어요.

· 새 단어 ·

Eropa 유럽
berenang 수영하다
laut 바다
MRT 전철, 지하철

· 응용 패턴 ·

pergi + 동사 + naik + 명사 : ~을 타고 ~하러 가다

Saya pergi bekerja naik MRT.	나는 전철을 타고 일하러 간다.
Ibu pergi berbelanja naik mobil.	엄마는 자동차를 타고 장 보러 가신다.

Pattern 2

~하는 데 성공하다

berhasil ~

🎧 MP3 067

berhasil은 '성공하다'의 뜻을 가진 동사로, 다른 동사 앞에 위치하면 '~하는 데 성공하다'라는 의미를 나타냅니다.
이 표현은 'berhasil dalam ~ (~하는 데 성공하다)'의 줄임 표현입니다.

· 패턴 구조 · berhasil + 동사

~하는 데 성공하다

Saya berhasil bangun pagi.	나는 일찍 일어나는 데 성공했다.
Andi berhasil memesan tiket kereta.	안디는 기차 표를 예매하는 데 성공했다.
Kami berhasil bertemu dengan artis itu.	우리는 그 연예인을 만나는 데 성공했다.
Kakek berhasil sembuh dari kanker.	할아버지는 암으로부터 낫는 데 성공하셨다.

· 회화 연습 ·

A: Kamu berhasil membeli motor baru?

B: Ya, saya berhasil membeli motor baru.

A: Wah! Selamat, ya!

B: Terima kasih.

A: 새 오토바이를 사는 데 성공했어요?

B: 네, 저는 새 오토바이를 사는 데 성공했어요.

A: 우와! 축하해요!

B: 고마워요.

새 단어

bangun pagi 일찍 일어나다
memesan 주문하다, 예매하다,
　　　　　예약하다
sembuh 낫다, 회복되다
kanker 암

· 응용 패턴 ·

belum berhasil + 동사 : ~하는 데 아직 성공하지 못했다

Saya belum berhasil membeli rumah. 　　나는 집을 사는 데 아직 성공하지 못했다.

Kami belum berhasil bertemu dengan pak guru. 우리는 선생님을 만나는 데 아직 성공하지 못했다.

~하는 데 실패하다

gagal ~

🎧 MP3 068

gagal은 '실패하다'의 뜻을 가진 동사로, 다른 동사 앞에 위치하면 '~하는 데 실패하다'라는 의미를 나타냅니다.
이 표현은 'gagal dalam ~'의 줄임 표현입니다.

· 패턴 구조 ·　　gagal + 동사　　　　　　　　　　~하는 데 실패하다

Adik saya gagal lulus ujian.	내 동생은 시험에 합격하는 데 실패했다.
Saya gagal membuat kue itu.	나는 그 케이크를 만드는 데 실패했다.
Paman gagal menabung uang.	삼촌은 돈을 저축하는 데 실패했다.
Kalian gagal membujuk anak itu.	너희들은 그 아이를 달래는 데 실패했다.

· 회화 연습 ·

A: Mengapa kamu bersedih?
B: Saya gagal masuk Universitas Jakarta.
A: Saya ikut bersedih.
B: Terima kasih.

A: 왜 슬퍼해요?
B: 저는 자카르타 대학교에 입학하는 데 실패했어요.
A: 유감이네요.
B: 고마워요.

· 새 단 어 ·

ujian 시험
membuat 만들다
kue 케이크, 과자
membujuk 달래다, 구슬리다
bersedih 슬퍼하다
percintaan 사랑, 연애

· 응용 패턴 ·

gagal dalam + 명사 : ~에 실패하다

Saya gagal dalam percintaan.	나는 연애에 실패했다.
Adik saya gagal dalam ujian.	내 동생은 시험에 실패했다.

~하는 것을 잊었다
lupa ~

lupa는 '잊다'의 뜻을 가진 동사로, 다른 동사 앞에 위치하면 '~하는 것을 잊었다'라는 의미를 나타냅니다. 이 표현은 'lupa untuk ~'의 줄임 표현입니다.

| · 패턴 구조 · | lupa + 동사 | ~하는 것을 잊었다 |

Wanita itu lupa berdandan. 그 여자는 화장하는 것을 잊었다.

Saya lupa belajar semalam. 나는 어젯밤에 공부하는 것을 잊었다.

Ibu lupa membangunkan adik tadi pagi. 엄마는 오늘 아침에 동생 깨우는 것을 잊으셨다.

Budi lupa menelepon Martono semalam. 부디는 어젯밤 마르토노에게 전화하는 것을 잊었다.

· 회화 연습 ·

A: Kamu sudah makan siang?

B: Aduh! Saya lupa makan siang.

A: Kamu mau makan sekarang?

B: Boleh.

A: 점심 먹었어요?

B: 아이고! 점심 먹는 것을 잊었네요.

A: 지금 먹을래요?

B: 그래요.

· 새 단 어 ·

berdandan 화장하다, 단장하다
membangunkan (잠에서) 깨우다
berterima kasih 감사 표현을 하다,
　　　　　　　　감사하다고 말하다

· 응용 패턴 ·

tidak lupa + 동사 : ~하는 것을 잊지 않았다

Saya tidak lupa berterima kasih. 나는 감사 표현하는 것을 잊지 않았다.
Kami tidak lupa membeli minuman. 우리는 음료수 사는 것을 잊지 않았다.

Pattern 5

~하기 시작하다
mulai ~

예문·회화 연습 듣기

🎧 MP3 070

mulai는 '시작하다'의 뜻을 가진 동사로, 다른 동사 앞에 위치하면 '~하기 시작한다'라는 의미이며, 형용사 앞에 위치하면 '~해지기 시작한다'라는 의미를 나타냅니다. 이 표현은 'mulai untuk ~ (~하기 위해 시작하다)' 또는 'mulai menjadi ~ (~해지기 시작하다)'의 줄임 표현입니다.

· 패턴 구조 ·

mulai + 동사	~하기 시작하다
mulai + 형용사 *	~해지기 시작하다

Saya mulai berolahraga.	나는 운동하기 시작했다.
Hujan mulai turun tadi pagi.	오늘 아침부터 비가 내리기 시작했다.
Orang itu mulai marah.	그 사람은 화가 나기 시작했다.
Kamar itu mulai hangat.	그 방은 따뜻해지기 시작했다.

· 회화 연습 ·

A: Kapan kamu mulai belajar bahasa Indonesia?
B: Saya mulai belajar bahasa Indonesia tahun lalu.
A: Wah, hebat! Sudah pandai, ya.
B: Ah, belum. Terima kasih.

A: 언제 인도네시아어를 배우기 시작했어요?
B: 작년에 인도네시아어를 배우기 시작했어요.
A: 우와, 대단하다! 벌써 잘하네요.
B: 아, 아직이에요. 감사합니다.

선생님 한마디

「mulai+형용사」 구조에서 나오는 형용사는 모든 형용사에 해당되지 않고 사람의 감정이나 어떤 상태와 관련된 형용사와만 가능합니다.

새 단어

hujan 비, 비가 오다
turun 내리다, 내려가다
tadi pagi 오늘 아침
kamar 방, 침실
tahun lalu 작년

· 응용 패턴 ·

mulai menjadi + 명사 : ~이 되기 시작했다

Awan mulai menjadi hitam.	구름은 검은색이 되기 시작했다.
Es itu mulai menjadi air.	그 얼음은 물이 되기 시작했다.

Pattern 6

～하는 것이 끝나다
selesai ~

예문·회화 연습 듣기

🎧 MP3 071

selesai는 '끝나다'의 뜻을 가진 동사로, 다른 동사 앞에 위치하면 '～하는 것이 끝난다'라는 의미를 나타냅니다. 이 표현은 'selesai dalam ~(～하는 데 끝나다)'의 줄임 표현입니다.

· 패턴 구조 · **selesai + 동사** ～하는 것이 끝나다

Saya selesai mandi.	나는 목욕하는 것이 끝났다.
Kami selesai makan di kantin.	우리는 구내식당에서 먹는 것이 끝났다.
Dia selesai bekerja pada jam 5 sore.	그는 오후 5시에 일하는 것이 끝난다.
Polisi selesai berbicara dengan saksi.	경찰은 증인과 이야기하는 것이 끝났다.

· 회화 연습 ·

A: Kamu selesai kuliah jam berapa?

B: Saya selesai kuliah jam 3 sore.

A: Baiklah.

B: Sampai nanti.

A: 수업(듣는 것)은 몇 시에 끝나요?

B: 수업(듣는 것)은 오후 3시에 끝나요.

A: 알겠어요.

B: 이따 봐요.

· 새 단 어 ·

mandi 목욕하다, 샤워하다
saksi 증인, 목격자

· 응용 패턴 ·

> **baru saja selesai + 동사 : ～하는 것이 이제 막 끝났다**

Saya baru saja selesai mandi.	나는 목욕하는 것이 이제 막 끝났다.
Kami baru saja selesai makan.	우리는 먹는 것이 이제 막 끝났다.

~하는 것을 그만두다/끊다

berhenti ~

예문·회화 연습 듣기

🎧 MP3 072

berhenti는 '멈추다'의 뜻을 가진 동사로, 다른 동사 앞에 위치하면 '~하는 것을 그만둔다, ~하는 것을 끊는다'라는 의미를 나타냅니다. 이 표현은 'berhenti dalam ~(~하는 것을 그만두다)'의 줄임 표현입니다.

· 패턴 구조 · berhenti + 동사   ~하는 것을 그만두다/끊다

Ayah berhenti merokok.	아빠는 담배 피우는 것을 끊으셨다.
Saya berhenti mengoleksi prangko.	나는 우표 수집(하는 것)을 그만뒀다.
Kakak berhenti bekerja bulan depan.	형은 다음 달에 일(하는 것)을 그만둘 것이다.
Siti berhenti belajar karena mati lampu.	시띠 씨는 정전 때문에 공부(하는 것)를 그만뒀다.

· 회화 연습 ·

A: Kamu mau minum kopi?

B: Saya berhenti minum kopi.

A: Maaf. Saya tidak tahu.

B: Tidak apa-apa.

A: 커피 마실래요?

B: 저는 커피(마시는 것)를 끊었어요.

A: 죄송해요. 몰랐어요.

B: 괜찮아요.

· 새 단어 ·

merokok 담배를 피우다
mengoleksi 수집하다, 모으다
prangko 우표
mati lampu 정전, 정전이 나다

· 응용 패턴 ·

sudah berhenti + 동사 : ~하는 것을 그만뒀다, ~하는 것을 끊었다

Kakak sudah berhenti bekerja.	형은 일하는 것을 그만뒀다.
Ayah sudah berhenti merokok.	아빠는 담배 피우는 것을 끊으셨다.

Pattern 8

~하는 것에 동참하다

ikut ~

예문·회화 연습 듣기

🎧 MP3 073

ikut은 '따르다, 동참하다'의 뜻을 가진 동사로, 명사 앞에 위치하면 '~을 따른다'를 의미하고, 동사 앞에 위치하면 '~하는 것에 동참한다'라는 의미를 나타냅니다. 이 표현은 'ikut dengan ~(~와 따라가다)'과 'ikut untuk ~(~하기 위해 따라가다)'의 줄임 표현입니다.

· 패턴 구조 ·	
ikut + 동사	~하는 것에 동참하다
ikut + 명사	~을 따르다

Anak saya ikut berbelanja dengan saya.
내 아이는 나와 함께 쇼핑했다.
(직역: 내 아이는 나와 함께 쇼핑하는 것에 동참하다.)

Tamu itu ikut makan di rumah saya.
그 손님은 우리 집에서 식사했다.
(직역: 그 손님은 우리 집에서 식사하는 것에 동참하다.)

Saya ikut teman saya.
나는 친구를 따라갔다.

Murid-murid ikut guru mereka.
학생들은 그들의 선생님을 따라간다.

· 회화 연습 ·

A: Kamu pergi ke mana besok?

B: Saya akan ikut kakak saya.

A: Ke mana?

B: Saya akan ikut pergi ke pantai.

A: 내일 어디에 갈 거예요?

B: 형을 따라갈 거예요.

A: 어디로요?

B: 형과 함께 해변에 갈 거예요. (직역: 저는 해변에 따라갈 거예요.)

· 응용 패턴 ·

주어 + ikut + 명사(목적어) + 동사 : ~이 ~하는 것을 따라하다/동참하다

Saya ikut teman saya pergi berbelanja.
나는 친구가 장 보러 가는데 따라갔다.

Tamu saya ikut saya makan siang.
회사 손님은 나와 함께 점심을 먹으러 왔나.
(직역: 내 손님은 점심을 먹으러 나를 따라왔다.)

10장

형용사가 동사와
만났을 때 (1)

[감정 형용사]

인도네시아어의 형용사 중 일부는 동사 앞에 위치하면서 조동
사처럼 그 의미를 강조해 주는 역할을 하기도 합니다. 이때, 사
람의 감정을 나타내는 형용사가 '동사'와 결합될 경우의 표현을
학습해 보세요.

~해서 기쁘다/반갑다

senang ~

예문·회화 연습 듣기

🎧 MP3 074

senang은 '기쁘다, 반갑다, 즐겁다' 등을 뜻하는 형용사로, 동사나 문장 앞에 위치해서 그 행위 또는 일 때문에 기쁘거나 즐겁거나 반가워한다는 의미를 나타냅니다.

· 패턴 구조 · senang + 동사   ~해서 기쁘다/반갑다

Saya senang bisa membantu nenek.	할머니를 도와줄 수 있어서 기쁘다.
Mereka senang bisa bernyanyi di karaoke.	그들은 노래방에서 노래할 수 있어서 기쁘다.
Ibu senang bisa memasak di rumah.	엄마는 집에서 요리할 수 있어서 기뻐하신다.
Saya senang bertemu dengan Anda.	만나서 반갑습니다.

· 회화 연습 ·

A: Terima kasih sudah membantu.

B: Sama-sama.

Saya senang bisa membantu Anda.

A: Saya senang mendapat bantuan dari Anda.

A: 도와줘서 고마워요.

B: 천만에요.

당신을 도와줄 수 있어서 기뻐요.

A: 당신에게 도움을 받게 돼서 기뻐요.

· 선생님 한마디 ·

경우에 따라서 senang은 '좋아하다'를 뜻하는 suka와 같은 뜻으로 쓰입니다. 97p. 참고

· 새 단어 ·

membantu 돕다, 도와주다
bernyanyi 노래하다,
           노래를 부르다
karaoke 노래방
mengundang 초대하다, 부르다

· 응용 패턴 ·

senang + 문장 : ~이 ~해서 좋다

Saya senang Anda datang.	(저는 당신이) 와줘서 좋아요.
Saya senang dia mengundang saya.	그가 (저를) 초대해 줘서 좋아요.

~할까 봐 걱정되다/불안하다
khawatir ~

예문·회화 연습 듣기

🎧 MP3 075

khawatir는 '걱정하다, 염려하다, 불안하다' 등을 뜻하는 형용사로, 동사나 문장 앞에 위치해서 그 행위 또는 일 때문에 걱정/불안하거나 어떤 일이 일어날까 봐 걱정되고 불안하다는 의미를 나타냅니다.

· 패턴 구조 · khawatir + 동사 ~할까 봐 걱정되다/불안하다

Saya khawatir pulang kemalaman.	나는 (밤) 늦게 (집에) 들어갈까 봐 걱정된다.
Kakak khawatir akan gagal lagi dalam ujian kali ini.	형은 이번 시험에 또 실패할까 봐 걱정한다.
Kakek khawatir terlambat.	할아버지는 (본인이) 늦을까 봐 불안해하신다.
Amin khawatir ketinggalan pesawat besok.	아민 씨는 내일 비행기를 놓칠까 봐 불안해한다.

· 회화 연습 ·

A: Ada apa?
B: Saya khawatir tidak lulus ujian.
A: Jangan khawatir!
B: Terima kasih.

A: 무슨 일 있어요?
B: 저는 시험에 합격하지 않을까 봐 불안해요.
A: 걱정하지 말아요!
B: 고마워요.

선 생 님 한 마 디

「khawatir+동사」 구조의 의미는 일상생활에서 「takut+동사」 구조와 거의 동일한 의미로 쓰입니다. 134p. 참고

새 단 어

kemalaman
(밤) 늦게 (집에) 들어가다
ketinggalan
(교통수단 등을) 놓치다

· 응용 패턴 ·

> khawatir + 문장 : ~이 ~할까 봐 걱정되다/불안하다

Saya khawatir dia tidak datang. 나는 그가 안 올까 봐 불안하다.
Ibu khawatir nenek sakit. 어머니는 할머니께서 편찮으실까 봐 걱정하신다.

~하는 것이/할까 봐 무섭다

takut ~

예문·회화 연습 듣기

🎧 MP3 076

takut은 '두렵다, 무섭다, 겁을 먹다' 등을 뜻하는 형용사로, 동사나 문장 앞에 위치해서 그 행위 또는 일하는 것을 무서워하거나 어떤 일이 일어날까 봐 두렵다는 의미를 나타냅니다.

· 패턴 구조 · takut + 동사   ~하는 것이/할까 봐 무섭다

Saya takut tidur sendiri.	나는 혼자 자는 것이 무섭다.
Istri saya takut menyalakan kompor.	부인은 가스레인지 켜는 것을 무서워한다.
Saya takut kehujanan di tengah jalan.	나는 귀가 도중 비를 맞을까 봐 무섭다.
Adik saya takut bertengkar dengan pacarnya.	동생은 애인과 싸울까 봐 무서워한다.

· 회화 연습 ·

A: Kenapa kamu tidak datang kemarin?

B: Saya takut pergi sendiri.

A: Ya, ampun!

B: Maaf, ya.

A: 어제 왜 안 왔어요?

B: 혼자 가는 것이 무서워서요.

A: 세상에나!

B: 미안해요.

선생님 한마디

「takut+동사」와 「khawatir+동사」는 의미가 조금 다르지만 일상생활에서는 거의 같은 의미로 쓰이고 있습니다.

새 단어

sendiri 스스로, 혼자
menyalakan 켜다, 태우다
kompor 가스레인지
jatuh 떨어지다, 넘어지다

· 응용 패턴 ·

takut + 문장 : ~가 ~할까 봐 무섭다/불안하다

Saya takut anak itu jatuh.   나는 저 아이가 떨어질까 봐 무섭다.

Dia takut kami berbohong.   그는 우리가 거짓말할까 봐 불안해한다.

Pattern 4

~하는 데 머뭇거리다/망설이다

ragu ~

예문·회화 연습 듣기

🎧 MP3 077

ragu는 '주저하다, 머뭇거리다, 망설이다' 등을 뜻하는 형용사로, 동사나 문장 앞에 위치해서 그 행위 또는 일하는 데 머뭇거리거나 망설인다는 의미를 나타냅니다.

· 패턴 구조 · ragu + 동사   ~하는 데 머뭇거리다/망설이다

Dia ragu menjawab.	그는 대답하는 데 머뭇거렸다.
Anak itu ragu mendekati anak anjing.	그 아이는 강아지에게 다가가는 데 머뭇거렸다.
Saya ragu membeli baju itu.	나는 그 옷을 사는 데 망설였다.
Bapak Kim selalu ragu pulang dari kantor.	김 부장님은 항상 퇴근하는 데 망설이신다.

· 회화 연습 ·

A: Kamu mau makan apa?

B: Saya selalu ragu memilih makanan.

A: Bagaimana kalau sate ayam? *

B: Boleh.

A: 뭐 먹을래요?

B: 음식을 고르는데 늘 망설여지네요.

A: 닭꼬치는 어때요?

B: 좋아요.

선생님 한마디

'Bagaimana kalau ~'는 무엇을 제안한 후 상대방의 의견을 물어볼 때 쓰입니다.

새 단어

menjawab 답하다, 응답하다
memilih 고르다, 선택하다

· 응용 패턴 ·

ragu + 문장 : ~가 ~하는지 확실하지 않다

Saya ragu dia akan datang.	나는 그가 올 것인지 의심스럽다. (확실하지 않다.)
Ibu ragu ayah sudah makan.	엄마는 아빠가 밥을 먹었는지 의심스럽다. (확실하지 않다.)

Pattern 5

~하기 싫다/귀찮다

sungkan ~

예문·회화 연습 듣기

🎧 MP3 078

sungkan은 동사 앞에 위치해서 부담스럽거나 부끄러워서 어떤 일을 하는 것이 '내키지 않다, 귀찮다, 싫다'라는 의미를 나타내는 형용사입니다.

· 패턴 구조 ·	sungkan + 동사	~하기 싫다/귀찮다

Saya sungkan bekerja kelompok.　　나는 조별 과제를 하기 싫다.

Saya sungkan meminta maaf.　　나는 사과하기 싫다.

Kami sungkan hadir di pesta itu.　　우리는 그 파티에 참석하기 귀찮다.

Adik sungkan menegur orang itu.　　동생은 그 사람을 주의시키기 귀찮아한다.

· 회화 연습 ·

A: Kenapa kamu tidak datang besok?

B: Saya sungkan bertemu dengan Rinda.

A: Kenapa?

B: Ada, deh!

A: 내일 왜 안 와요?

B: 린다 씨와 만나기 싫어요.

A: 왜요?

B: 그런 게 있어요!

선생님 한마디

sungkan은 '존경하다, 우러러보다'라는 뜻도 있습니다. 존경하다의 뜻으로 쓰이는 경우에는 주로 전치사 kepada와 함께 씁니다.

새단어

bekerja kelompok
조별로 과제를 하다
meminta maaf 사과하다
menegur 권고하다, 훈계하다

· 응용 패턴 ·

sungkan kepada + 사람 : ~을 존경하다 *

Saya sungkan kepada atlet itu.　　나는 그 선수를 존경한다.

Ayah sungkan kepada atasannya.　　아빠는 그의 상사를 존경하신다.

Pattern 6

자주/잘 ~하다

suka ~

예문·회화 연습 듣기

🎧 MP3 079

suka는 기본적으로 '좋아하다'의 뜻이지만 97p. 참고 , 동사 앞에 위치하면 sering처럼 '자주'의 뜻으로 좋아하는 행위 또는 일을 자주 한다는 의미를 나타냅니다. 100p. 참고

· 패턴 구조 · suka + 동사   자주/잘 ~하다

Saya suka belajar di perpustakaan.   나는 도서관에서 자주 공부한다.

Mereka suka melihat-lihat di toko itu.   그들은 그 가게에서 자주 구경한다.

Ibu suka menonton film komedi.   엄마는 코미디 영화를 잘 보신다.

Dinda dan Adi suka bertengkar waktu kecil.   딘다와 아디는 어렸을 때 잘 싸웠다.

· 회화 연습 ·

A: Kamu suka supermarket itu?

B: Ya. Saya suka berbelanja di situ.

A: Saya juga.

B: Wah! Kebetulan.

A: 그 슈퍼마켓을 좋아해요?

B: 네. 거기서 장을 자주 봐요.

A: 저도요.

B: 우와! 우연이네요.

선 생 님 한 마 디

tidak suka는 문맥에 따라서 '~하는 것을 안 좋아한다, 잘 ~하지 않다'로 해석할 수도 있습니다.

새 단 어

melihat-lihat 구경하다
komedi 코미디, 희극

· 응용 패턴 ·

> tidak suka + 동사 : 잘 ~하지 않다*

Kami tidak suka bertengkar.   우리는 잘 싸우지 않는다.

Dina tidak suka pergi ke kafe.   디나는 카페에 잘 가지 않는다.

~하는 것이 질렸다

bosan ~

예문·회화 연습 듣기

🎧 MP3 080

bosan은 '지루하다, 싫증 나다' 등을 뜻하는 형용사로, 동사 앞에 위치해서 그 행위 또는 일하는 것이 이미 질렸다는 의미를 나타냅니다.

· 패턴 구조 · bosan + 동사   ~하는 것이 질렸다

Kami bosan menunggu.	우리는 기다리는 것이 질렸다.
Saya bosan menonton film itu.	나는 그 영화를 보는 것이 질렸다.
Ayah bosan beristirahat di rumah.	아빠는 집에서 쉬는 것이 질리셨다.
Ardi bosan menasihati anaknya.	아르디 씨는 그의 아이에게 충고를 하는 것이 질렸다.

· 회화 연습 ·

A: Saya pulang duluan.

B: Kenapa?

A: Saya bosan menunggu sendiri.

B: Kasihan.

A: 집에 먼저 갈게요.

B: 왜요?

A: 혼자서 기다리는 것이 질렸어요.

B: 불쌍하네요.

· 새 단 어 ·

menunggu 기다리다
menasihati 충고하다, 권고하다
duluan 먼저, 우선
cerita 이야기, 화제

· 응용 패턴 ·

> **sudah bosan + 동사** : ~하는 것이 벌써 질렸다

Saya sudah bosan mendengar cerita itu	나는 그 이야기를 듣는 것이 벌써 질렸다.
Kakak sudah bosan membaca buku itu.	형은 그 책을 읽는 것이 벌써 질렸다.

Pattern 8

~해서 짜증 나다/불쾌하다

kesal ~

예문·회화 연습 듣기

🎧 MP3 081

kesal은 '짜증 나다, 불쾌하다' 등을 뜻하는 형용사로, 동사 앞에 위치해서 그 행위 또는 일 때문에 짜증이 나거나 불쾌하다는 의미를 나타냅니다.

· 패턴 구조 ·   kesal + 동사   ~해서 짜증 나다/불쾌하다

Saya kesal harus bergadang.   나는 밤을 새워야 해서 짜증 난다.

Rina kesal menonton sinetron itu.   리나 씨는 그 드라마를 보고 짜증이 났다.

Tono kesal tidak bisa cuti hari Jumat ini.

토노 씨는 이번 금요일에 휴가를 갈 수 없어서 불쾌하다.

Kami kesal diperlakukan buruk oleh pegawai itu.

우리는 그 직원에게서 나쁜 대우를 받아서 불쾌했다.

· 회화 연습 ·

A: Kenapa kamu tampak kesal?

B: Saya kesal harus menunggu sendiri.

A: Yang sabar, ya.

B: Baiklah.

A: 왜 짜증 난 것처럼 보이죠?

B: 혼자 기다려야 해서 짜증 나요.

A: 좀 참아요.

B: 알겠어요.

선생님 한마디

조동사 역할을 하는 kesal은 일상 생활에서 같은 뜻을 가진 sebal로 대체해서 쓰입니다.

새 단어

sinetron (텔레비전) 드라마
cuti 휴가를 가다, 휴가를 내다
buruk 나쁘다, 못되다
diperlakukan 대우를 받다,
                    취급을 받다
pegawai 직원
tampak 보이다

· 응용 패턴 ·

kesal + 문장 : ~이 ~해서 짜증 나다/불쾌하다

Ibu kesal ayah tidak mau makan obat.   엄마는 아빠가 약을 안 드시려고 해서 짜증 나셨다.

Saya kesal adik saya diperlakukan buruk.   나는 내 동생이 나쁜 대우를 받아서 불쾌했다.

11장

형용사가 동사와
만났을 때 (2)

[다른 형용사]

감정 형용사 이외에 다른 형용사와 '동사'가 결합되어 표현될 때는 그 동사의 행위를 더 강조해 주는 역할을 하게 됩니다. 감정 형용사 이외의 형용사와 동사의 결합에 대한 표현을 학습해 보세요.

많이 ~하다

banyak ~

예문·회화 연습 듣기

🎧 MP3 082

banyak은 '많다'의 뜻을 가진 형용사로, 동사 앞에 위치해서 그 행위 또는 일을 많이 하는 것을 의미합니다. banyak 은 형용사이기 때문에 3장에서 배운 형용사의 부사를 붙여서 다양한 의미를 표현할 수 있습니다.

· 패턴 구조 ·	banyak + 동사	많이 ~하다
	Saya banyak berbicara.	나는 말을 많이 한다.
	Dia banyak berkeringat.	그는 땀이 많이 난다.
	Paman banyak mengonsumsi obat.	삼촌은 약을 많이 섭취한다.
	Orang itu banyak mengikuti seminar.	그 사람은 세미나를 많이 참석한다.

· 회화 연습 ·

A: Kenapa perut Anda sakit?

B: Saya banyak makan tadi siang.

A: Anda makan apa tadi siang?

B: Saya makan sambal.

A: 배가 왜 아프세요?

B: 아까 점심때 많이 먹었어요.

A: 점심때 무엇을 드셨어요?

B: 삼발소스를 먹었어요.

새 단어

berkeringat 땀이 나다
mengonsumsi 소비하다, 섭취하다
obat 약물, 약
mengikuti 참가하다, 참석하다, 참여하다
seminar 세미나

· 응용 패턴 ·

kurang banyak + 동사 : 별로 많이 ~하지 않다

Saya kurang banyak berolahraga.   나는 운동을 별로 많이 하지 않는다.

Dia kurang banyak belajar.   그는 공부를 별로 많이 하지 않았다.

Pattern 2

조금(만) ～하다

sedikit ~

예문·회화 연습 듣기

🎧 MP3 083

sedikit은 '적다'의 뜻을 가진 형용사로, 동사 앞에 위치해서 어떤 행위 또는 일을 조금 하는 것을 의미합니다. sedikit 은 형용사이기 때문에 3장에서 배운 형용사의 부사를 붙여서 다양한 의미를 표현할 수 있습니다.

· 패턴 구조 ·   sedikit + 동사   조금(만) ～하다

Orang itu sedikit bekerja.	그 사람은 일을 조금(만) 한다.
Kamu sedikit berusaha.	너는 노력을 조금(만) 했다.
Mereka sedikit membaca koran setiap hari.	그들은 신문을 매일 조금(만) 읽는다.
Anak itu sedikit bergerak dan banyak makan.	그 아이는 조금(만) 움직이고 많이 먹는다.

· 회화 연습 ·

A: Apakah orang itu banyak bekerja?

B: Tidak. Orang itu sedikit bekerja.

A: Apakah orang itu banyak berbicara?

B: Ya. Dia banyak berbicara.

· 새 단 어 ·

berusaha 노력하다
bergerak 움직이다, 흔들리다

A: 그 사람은 일을 많이 하나요?

B: 아니요. 그 사람은 일을 조금만 해요.

A: 그 사람은 말을 많이 하나요?

B: 네. 그 사람은 말을 많이 해요.

· 응용 패턴 ·

sedikit sekali + 동사 : 아주 조금만 ～하다

Orang itu sedikit sekali bekerja.   그 사람은 일을 아주 조금만 한다.

Anak itu sedikit sekali berolahraga.   그 아이는 운동을 아주 조금만 한다.

Pattern 3

~하기 어렵다, ~하는 데 어려움을 겪다

susah ~

예문·회화 연습 듣기

🎧 MP3 084

susah는 '어렵다'의 뜻을 가진 형용사로, 동사 앞에 위치해서 그 행위 또는 일하는 데 어려움을 겪는다거나 하기 어렵다는 것을 의미합니다. susah는 형용사이기 때문에 3장에서 배운 형용사의 부사를 붙여서 다양한 의미를 표현할 수 있습니다.

| 패턴 구조 | susah + 동사 | ~하기 어렵다, ~하는 데 어려움을 겪다 |

Kami susah mengerti orang itu. 　　　　　우리는 그 사람을 이해하기 어렵다.

Adik susah menjelaskan hal itu kepada ibu. 동생은 엄마에게 그 일에 대해 설명하기 어려웠다.

Saya susah berpidato. 　　　　　　　　　나는 연설하는 데 어려움을 겪었다.

Ayah susah menggunakan smartphone. 　　아빠는 스마트폰을 쓰는 데 어려움을 겪으셨다.

회화 연습

A: Bagaimana kelas itu?

B: Saya susah mengerti isi kelas itu.

A: Ada yang bisa saya bantu?

B: Ya. Terima kasih.

A: 그 수업은 어땠어요?

B: 그 수업은 내용을 이해하기가 어려웠어요.

A: 제가 도와드릴 것이 있을까요?

B: 네. 고마워요.

새 단 어

mengerti 이해하다
hal 일, 사건
berpidato 연설하다
menggunakan 쓰다, 사용하다

응용 패턴

| agak susah + 동사 : ~하기가 약간 어렵다 |

Saya agak susah mengerti orang itu. 　　　　　나는 그 사람을 이해하기가 약간 어렵다.

Ayah agak susah menggunakan smartphone. 　아빠는 스마트폰을 쓰는 데 약간 어려워하신다.

144　패턴의 법칙 인도네시아어 첫걸음

Pattern 4

(쉽게) 잘 ~하다

mudah ~

예문·회화 연습 듣기

🎧 MP3 085

mudah는 '쉽다'의 뜻을 가진 형용사로, 동사 앞에 위치해서 그 행위 또는 일하는 데 어려움이 없이 쉽게 잘 한다는 것을 의미합니다. mudah는 형용사이기 때문에 3장에서 배운 형용사의 부사를 붙여서 다양한 의미를 표현할 수 있습니다.

· 패턴 구조 · mudah + 동사 　　　　　　　　　　　(쉽게) 잘 ~하다

Saya mudah bergaul.	나는 친구를 (쉽게) 잘 사귄다.
Kakak mudah memakai komputer.	형은 컴퓨터를 (쉽게) 잘 쓴다.
Wanita itu mudah membeli sesuatu.	그 여자는 물건을 (쉽게) 잘 산다.
Ibu mudah berbicara di depan umum.	엄마는 대중 앞에서 말씀을 (쉽게) 잘 하신다.

· 회화 연습 ·

A: Kamu suka orang itu?

B: Ya. Saya suka dia.

A: Bagaimana dia?

B: Dia pintar dan mudah bergaul.

A: 그 사람을 좋아해요?

B: 네. 그 사람을 좋아해요.

A: 그 사람은 어때요?

B: 그 사람은 영리하고 친구를 잘 사귀어요.

선 생 님 한 마 디

「terlalu mudah+동사」 구조의 표현은 부정적 표현입니다.

새 단 어

bergaul 친구를 사귀다
memakai 쓰다, 사용하다, 이용하다, 착용하다
sesuatu 어떤 것, 어떤 물건
depan umum 대중 앞

· 응용 패턴 ·

> terlalu mudah + 동사 : 너무 (쉽게) 잘 ~하다*

Dia terlalu mudah membeli sesuatu. 　　　　그는 물건을 너무 (쉽게) 잘 산다.

Saya terlalu mudah menggunakan uang. 　　나는 돈을 너무 (쉽게) 잘 쓴다.

Pattern 5

열심히/자주 ∼하다

rajin ∼

예문·회화 연습 듣기

🎧 MP3 086

rajin은 '열심히 하다, 부지런하다'의 뜻을 가진 형용사로, 동사 앞에 위치해서 그 행위 또는 일을 열심히 또는 자주 한다는 것을 의미합니다. rajin은 형용사이기 때문에 3장에서 배운 형용사의 부사를 붙여서 다양한 의미를 표현할 수 있습니다.

패턴 구조 · rajin + 동사   열심히/자주 ∼하다

Saya rajin bekerja.   나는 열심히 일한다.

Indra rajin pergi ke gereja.   인드라 씨는 열심히 교회에 간다.

Kami rajin membersihkan rumah.   우리는 집을 자주 청소한다.

Orang itu rajin membereskan mejanya.   그 사람은 그의 책상을 자주 정리한다.

회화 연습

A: Bagaimana karyawan baru itu?

B: Dia rajin bekerja dan luwes.

A: Dia juga pintar?

B: Sepertinya begitu.

A: 그 신입사원은 어때요?

B: 그는 열심히 일하고 사교성이 있어요.

A: 그는 똑똑한가요?

B: 그런 것 같아요.

새 단어

membersihkan 청소하다,
깨끗이 하다
membereskan 정리/정돈하다,
처리하다
luwes 잘 어울리다. 사교성 있다
berdoa 기도하다

응용 패턴

sangat rajin + 동사 : 아주 열심히

Ibu sangat rajin berdoa.   엄마는 아주 열심히 기도하신다.

Para murid sangat rajin belajar.   학생들은 아주 열심히 공부한다.

~하기 귀찮다

malas ~

예문·회화 연습 듣기

🎧 MP3 087

malas는 '게으르다, 내키지 않다' 등을 뜻하는 형용사로, 동사 앞에 위치해서 그 행위 또는 일하기가 귀찮다는 것을 의미합니다. malas는 형용사이기 때문에 3장에서 배운 형용사의 부사를 붙여서 다양한 의미를 표현할 수 있습니다.

· 패턴 구조 ·	malas + 동사	~하기 귀찮다
	Anak itu malas bertanya.	그 아이는 물어보는 것조차 귀찮아한다.
	Kakak malas mengangkat telepon.	형은 전화 받기를 귀찮아한다.
	Ibu malas menjawab pertanyaan saya.	엄마는 내 질문에 답하기를 귀찮아하신다.
	Pria itu malas mengerjakan tugasnya.	그 남자는 그의 임무수행을 귀찮아한다.

· 회화 연습 ·

A: Kenapa kamu tidak suka karyawan itu?

B: Dia malas bertanya dan malas bekerja.

A: Lalu bagaimana?

B: Saya malas memperingatkan dia.

A: 왜 그 직원을 안 좋아해요?

B: 그는 물어보는 것도 일하는 것도 귀찮아해요.

A: 그러면 어떡하죠?

B: 그 직원에게 주의 주기도 귀찮아요.

선 생 님 한 마 디

「malas+동사」 구조는 어떤 일을 하기 귀찮고 싫어할 때 쓰는 표현이기 때문에 '~하기 싫다'의 의미로도 해석이 가능합니다.

새 단 어

mengangkat 들다, 들어 올리다,
          (전화를) 받다
memperingatkan 주의를 주다,
          경고하다

· 응용 패턴 ·

benar-benar malas + 동사 : 정말로 ~하기 귀찮다

Saya benar-benar malas berolahraga. 나는 정말로 운동하기 귀찮다.

Dia benar-benar malas bertanya. 그는 정말로 물어보기 귀찮아한다.

잘 ~하다

pintar ~

예문·회화 연습 듣기

🎧 MP3 088

pintar는 '영리하다, 총명하다' 등을 뜻하는 형용사로, 동사 앞에 위치해서 그 행위 또는 일하기가 능숙하다거나 잘 한다는 것을 의미합니다. pintar는 형용사이기 때문에 3장에서 배운 형용사의 부사를 붙여서 다양한 의미를 표현할 수 있습니다.

· 패턴 구조 ·   pintar + 동사   잘 ~하다

Saya pintar menjahit.   나는 바느질을 잘한다.

Nenek pintar memasak.   할머니는 요리를 잘하신다.

Penjahat itu pintar menipu orang.   그 범인은 사람을 잘 속인다.

Wanita itu pintar berbahasa Inggris.   그 여자는 영어를 잘한다.

· 회화 연습 ·

A: Apakah kamu pintar menjahit?

B: Tidak, tetapi saya pintar memasak.

A: Memasak apa?

B: Masakan Indonesia.

A: 바느질 잘해요?

B: 아니요, 하지만 요리는 잘해요.

A: 무슨 요리요?

B: 인도네시아 요리요.

선생님 한 마디

「pintar+동사」 구조의 pintar는 '능숙하다, 솜씨가 좋다'를 뜻하는 pandai로 바꿔 쓸 수 있습니다.

새 단어

menjahit 바느질하다, 꿰매다
penjahat 악당, 범인
menipu 속이다, 사기 치다

· 응용 패턴 ·

> **sangat pintar + 동사** : 아주 잘 ~하다

Nenek sangat pintar menjahit.   할머니는 바느질을 아주 잘하신다.

Saya sangat pintar bermain biola.   나는 바이올린을 아주 잘 연주한다.

골똘히/재미있게 ~하다

asyik ~

예문·회화 연습 듣기

🎧 MP3 089

asyik은 '열정적, 정열적' 등을 뜻하는 형용사로, 동사 앞에 위치해서 그 행위 또는 일하는데 온 정신을 쏟아서 다른 생각을 할 수 없다는 것을 의미하며, 재미있거나 관심이 있는 분야의 무엇인가를 하고 있을 때 '재미있게 ~하다'의 의미로 해석할 수 있습니다.

· 패턴 구조 · asyik + 동사 골똘히/재미있게 ~하다

Kami asyik mengamati semut.	우리는 개미를 골똘히 지켜본다.
Anak saya asyik menonton film kartun.	우리 아이는 만화영화를 골똘히 본다.
Ibu asyik berbelanja.	엄마는 재미있게 쇼핑을 하신다.
	→ 시간 가는 줄 모르고 쇼핑을 한다는 의미
Anjing saya asyik bermain di kebun.	우리 강아지는 마당에서 재미있게 논다.
	→ 정신없이 놀이에 집중해 있다는 의미

· 회화 연습 ·

A: Anak-anak sedang apa?

B: Mereka sedang asyik mengamati semut di kamar.

A: Kamu mau berjalan-jalan sebentar?

B: Tidak. Saya sedang asyik menonton TV.

A: 아이들은 뭐하고 있어요?

B: 그들은 방에서 개미를 골똘히 지켜보고 있어요.

A: 잠시 산책할래요?

B: 아니요. 저는 텔레비전을 재미있게 보고 있어요.

· 새 단어 ·

film kartun 만화영화
kebun 마당, 밭

· 응용 패턴 ·

sedang asyik + 동사 : 골똘히/재미있게 ~하고 있다

Saya sedang asyik memasak di dapur. 나는 골똘히 부엌에서 요리하고 있다.

Mereka sedang asyik mengobrol. 그들은 재미있게 대화를 나누고 있다.

~하느라 바쁘다, ~하는 데 정신이 없다

sibuk ~

예문·회화 연습 듣기

🎧 MP3 090

sibuk은 '바쁘다'의 뜻을 가진 형용사로, 동사 앞에 위치해서 그 행위 또는 일 때문에 바쁘다는 것을 의미하며, '~하는 데 정신이 없다'로도 해석할 수 있습니다. sibuk은 형용사이기 때문에 3장에서 배운 형용사의 부사를 붙여서 다양한 의미를 표현할 수 있습니다.

· 패턴 구조 · sibuk + 동사   ~하느라 바쁘다, ~하는 데 정신이 없다

Ayah sibuk bekerja.   아빠는 일하느라 바쁘시다.

Kami sibuk bercanda.   우리는 장난치느라 바빴다.

Sekretaris itu sibuk mencatat.   그 비서는 적는 데 정신이 없다.

Sepupu saya sibuk mengelap jendela.   우리 사촌은 창문을 닦는 데 정신이 없다.

· 회화 연습 ·

A: Kamu mau makan malam sekarang?

B: Maaf. Saya tidak bisa.

A: Kenapa?

B: Saya sedang sibuk membuat laporan.

A: 지금 저녁 먹을래요?

B: 미안해요. 할 수 없어요.

A: 왜요?

B: 지금 보고서 쓰느라 바빠요.

선생님 한마디

sedang sibuk은 현재 상황을 보여주는 sedang과 바쁘다의 의미가 있는 형용사 sibuk이 결합하여 '지금 ~하느라 바쁘다'를 뜻합니다. 한국어에는 없는 형태지만 인도네시아어에서는 흔히 볼 수 있습니다.

새 단어

bercanda 장난치다, 농담하다
sekretaris 비서
mencatat 적다, 기록하다
mengelap 닦다
jendela 창, 창문

· 응용 패턴 ·

sedang sibuk + 동사 : 지금 ~하느라 바쁘다*

Ayah sedang sibuk bekerja.   아빠는 지금 일하느라 바쁘시다.

Sekretaris itu sedang sibuk mencatat.   그 비서는 지금 적느라 바쁘다.

Pattern 10

빨리/재빨리 ~하다

cepat ~

예문·회화 연습 듣기

🎧 MP3 091

cepat은 '빠르다'를 뜻하는 형용사로, 동사 앞에 위치해서 그 행위 또는 일을 빨리 한다는 것을 의미합니다. cepat은 형용사이기 때문에 3장에서 배운 형용사의 부사를 붙여서 다양한 의미를 표현할 수 있습니다.

· 패턴 구조 ·   cepat + 동사   빨리/재빨리 ~하다

Kami cepat mengerti.	우리는 빨리 이해했다.
Kakak saya cepat menutup pintu.	형은 가게 문을 빨리 닫고 갔다.
Anak nakal itu cepat membantah orang tuanya.	그 개구쟁이는 빨리 부모님에게 말대꾸를 했다.
Anak itu cepat menghindari mobil yang datang.	아이는 오는 차를 재빨리 피했다.

· 회화 연습 ·

A: Anton! Kamu sudah mengerti?

B: Ya. Saya sudah mengerti.

A: Kamu cepat mengerti, ya.

B: Ah, tidak.

A: 안톤 씨! 다 이해했어요?

B: 네. 다 이해했어요.

A: 이해를 빨리하네요.

B: 아, 아니에요.

선생님 한마디

동사 앞에 오는 cepat은 segera 처럼 '당장, 얼른, 조속히' 등과 같은 의미로도 해석할 수 있습니다.

새 단어

nakal 개구쟁이의
membantah 말대꾸하다
menghindari 피하다
tanggap 눈치채다

· 응용 패턴 ·

kurang cepat + 동사 : ~가 별로 빠르지 않다

Orang itu kurang cepat tanggap.	그 사람은 눈치가 별로 빠르지 않다.
Anto kurang cepat menjawab pertanyaan itu.	안또는 그 질문에 답하기가 별로 빠르지 않다.

→ 퀴즈 대회 같은 곳에 참가한 안또가 질문을 받았지만 다른 참가자 보다 늦게 질문에 답하는 상황

12장

접속사
활용하기

인도네시아어의 '접속사'는 한국어의 '연결어미'와 같은 역할을 하며 종류도 다양합니다. 기본적으로 '둘 이상의 낱말' 또는 '구, 절, 문장' 등을 연결해 주는 역할을 하며, 연결할 두 문장의 중간에 위치합니다.

그리고
dan

예문·회화 연습 듣기

🎧 MP3 092

dan은 '~와, ~하고, ~랑'과 같이, 둘 이상의 낱말, 구, 절 또는 문장을 연결해 주는 접속사입니다. 문장 내에서 서로 연결할 때 마지막 순서 어휘 뒤에서 한 번만 쓰입니다. 영어의 and와 같습니다.

· 패턴 구조 · **A dan B** 　　　　　　　　A와 B, A랑 B, A 그리고 B, A 하고 B

Saya dan kamu adalah orang Korea.　　　　나와 너는 한국인이다.

Ibu pergi dengan nenek dan bibi.　　　　엄마는 할머니랑 이모와 함께 가셨다.

Dia suka warna putih dan hitam.　　　　그녀는 흰색 그리고 검은색을 좋아한다.

Saya mencuci piring dan adik membersihkan meja makan.

나는 설거지하고 동생은 식탁을 치운다.

· 회화 연습 ·

A: Kamu datang dengan siapa saja?

B: Saya datang dengan Rina dan Tono.

A: Di mana mereka?

B: Di depan.

A: 누구누구랑 왔어요?

B: 리나 씨와 토노 씨랑 왔어요.

A: 그들은 어디에 있어요?

B: 앞에 있어요.

선생님 한마디

셋 이상의 어휘를 연결할 때는 쉼표(,)로 구분 짓고 마지막에 dan은 한 번만 씁니다.

새단어

mencuci piring 설거지하다
meja makan 식탁
hobi 취미
membaca buku 책을 읽다

· 응용 패턴 ·

A, B, dan C : A와 B 그리고 C*

Saya, kamu, dan dia adalah orang Indonesia.　　나와 너 그리고 그는 인도네시아인이다.

Hobi saya adalah memasak, menjahit, dan membaca buku.

내 취미는 요리하기와 바느질하기 그리고 책을 읽는 것이다.

또는

atau

예문·회화 연습 듣기

🎧 MP3 093

atau는 '~나, 또는, 혹은'과 같이, 둘 이상의 낱말, 구, 절 또는 문장을 연결해 주고 그중에서 하나를 선택한다는 것을 의미하는 접속사입니다. 문장 내에서 서로 연결할 때 마지막 순서 어휘 뒤에서 한 번만 쓰입니다.
영어의 or과 같습니다.

· 패턴 구조 ·   A atau B

A 또는 B, A나 B, A 하거나 B

Saya akan pergi dengan bus atau kereta. 　　나는 버스 또는 기차로 갈 것이다.

Ibu mau makan nasi goreng atau mi goreng. 　엄마는 나시고렝이나 미고렝을 먹고 싶어 하신다.

Ayah akan berkebun atau menyiram tanaman.

아빠는 정원을 가꾸거나 식물에 물을 줄 겁니다.

Dia akan menyimpan buku itu atau mengembalikannya.

그는 그 책을 보관하거나 돌려줄 것이다.

· 회화 연습 ·

A: Kamu mau memesan apa?

B: Saya mau mi goreng atau nasi goreng.

A: Kamu mau porsi besar atau kecil?

B: Saya mau porsi kecil.

A: 무엇을 주문할까요?

B: 미고렝이나 나시고렝을 먹고 싶어요.

A: 대자로 할까요 소자로 주문할까요?

B: 소자로 할게요.

· 선생님 한마디 ·

셋 이상의 어휘를 연결할 때는 쉼표(,)로 구분 짓고 마지막에 atau는 한 번만 씁니다.

· 새단어 ·

berkebun 정원을 가꾸다
menyiram 물을 뿌리다,
　　　　　(식물에) 물을 주다
menyimpan 보관하다
mengembalikan 돌려주다
porsi (음식의 양) 인분

· 응용 패턴 ·

A, B, atau C : A나 B 또는 C*

Saya akan pergi dengan bus, kereta, atau pesawat. 　　나는 버스나 기차 또는 비행기로 갈 것이다.

Dia mau berjalan jalan, bermeditasi, atau beristirahat.

그는 산책이나 명상 또는 쉬고 싶어 한다.

Pattern 3

그러고 나서

lalu

예문·회화 연습 듣기

🎧 MP3 094

lalu는 '～하고'와 같이, 둘 이상의 행위를 연결해 주고 실행한 행위에 이어서 다른 행위를 한다는 것을 의미하는 접속사입니다. 문장 내에서 서로 연결할 때 마지막 순서 어휘 뒤에서 한 번만 쓰입니다. lalu 접속사를 통해서 그 행위가 쓰이는 순서대로 진행된다는 것을 알 수 있습니다. 영어의 then과 같습니다.

패턴 구조 A lalu B

A 하고 B, A 해서 B, A 하고 나서 B

Ibu berbelanja lalu pulang ke rumah.	엄마는 장을 보고 집에 들어가셨다.
Saya memasak lalu makan malam.	나는 요리를 해서 저녁을 먹었다.
Kakak mencuci lalu mengupas apel.	언니는 사과를 씻어서 깎았다.
Kami belajar bersama lalu makan-makan.	우리는 스터디를 하고 나서 회식을 했다.

회화 연습

A: Apa yang kamu lakukan semalam?

B: Saya menonton TV lalu membuat PR.

A: Itu saja?

B: Ya.

A: 어젯밤에 뭐 했어요?

B: 텔레비전을 보고 숙제를 했어요.

A: 그것만요?

B: 네.

선생님 한마디

셋 이상의 동사 사이에 쓰는 경우에는 쉼표(,)로 구분 짓고 마지막에 lalu는 한 번만 씁니다.

새 단어

mengupas (껍질을) 깎다, 벗기다
belajar bersama 스터디를 하다
makan-makan 회식을 하다

응용 패턴

A, B, lalu C : A하고 B하고 나서 C *

Saya memasak, makan malam, lalu mencuci piring.   나는 요리하고 저녁을 먹고 나서 설거지를 했다.
Kakak mencuci, mengupas, lalu makan apel.   형은 사과를 씻고 껍질을 깎고 나서 먹었다.

156   패턴의 법칙 인도네시아어 첫걸음

Pattern 4

~할 때

waktu

예문·회화 연습 듣기

🎧 MP3 095

waktu는 '~할 때, ~하다가'와 같이, 어떤 일이 다른 일과 동시에 일어나거나 어떤 일이 지속되다가 다른 일이 일어나는 것을 보여주는 접속사입니다. waktu 접속사 복합문은 waktu 접속사 뒤에 오는 문장부터 해석하는 것이 일반적입니다. 영어의 when과 같습니다.

· 패턴 구조 · A waktu B

B 할 때 A 하다, B 하다가 A

Saya menderita waktu sakit.	나는 아플 때 서럽다.
Dani minum kopi waktu belajar.	다니는 공부할 때 커피를 마신다.
Ayah terluka waktu berolahraga.	아빠는 운동을 하다가 다치셨다.
Jari saya terpotong waktu memasak.	나는 요리를 하다가 손이 베었다.

· 회화 연습 ·

A: Apa yang kamu lakukan waktu sakit?

B: Saya beristirahat di rumah waktu sakit.

A: Selain itu?

B: Selain itu, saya berobat ke dokter.

A: 아플 때 뭐해요?

B: 아플 때 집에서 쉬어요.

A: 그 외에는요?

B: 그 외에는 병원에 가요.

· 선생님 한마디 ·

waktu 접속사가 들어가는 문장에서 두 행위를 하는 주어가 같은 경우, waktu 접속사 뒤에 오는 문장의 주어는 생략 가능합니다.

· 새단어 ·

menderita 괴롭다, 서럽다
terluka 다치다
hari libur 휴일

· 응용 패턴 ·

동사/형용사 + waktu + 명사 : (명사)일 때 (동사/형용사)하다

Kami bertemu waktu makan siang.	우리는 점심때 만났다.
Kami tidak bekerja waktu hari libur.	우리는 휴일일 때 일하지 않는다.

Pattern

5

~하기 전에

sebelum

예문·회화 연습 듣기

🎧 MP3 096

sebelum은 '~하기 전'과 같이, 어떤 일이 일어나기 전에 다른 일이 먼저 일어나는 것을 보여주는 접속사입니다.
sebelum 접속사 복합문은 sebelum 접속사 뒤에 오는 문장부터 해석하는 것이 일반적입니다.
영어의 before과 같습니다.

패턴 구조 A sebelum B

B 하기 전에 A

Saya berdoa sebelum makan.

나는 먹기 전에 기도한다.

Anak itu ketiduran sebelum ibunya pulang.

그 아이는 엄마가 돌아오기 전에 잠들었다.

Ibu menata meja sebelum ayah selesai mandi.

아빠가 목욕을 끝내기 전에 엄마가 식탁을 차리셨다.

Kami melakukan pemanasan sebelum berolahraga.

우리는 운동하기 전에 준비운동을 한다.

회화 연습

A: Apa yang kamu lakukan sebelum berangkat ke sekolah?

B: Saya sarapan sebelum berangkat ke sekolah.

A: Sebelum itu?

B: Sebelum itu, saya mandi.

A: 학교 가기 전에 뭐해요?

B: 학교 가기 전에 아침을 먹어요.

A: 그전에는요?

B: 그전에는 샤워를 해요.

선생님 한마디

sebelum 접속사가 들어가는 문장에서 두 행위를 하는 주어가 같은 경우, sebelum 접속사 뒤에 오는 문장의 주어는 생략 가능합니다.

새 단어

ketiduran 잠들었다
menata meja 식탁을 차리다
melakukan pemanasan
준비운동을 하다

응용 패턴

동사 + sebelum + 명사 : (명사) 이전에 (동사)하다, (명사)보다 먼저 (동사)하다

Saya makan malam sebelum jam 6.

나는 6시 이전에 저녁을 먹었다.

Saya makan malam sebelum dia.

나는 그 사람보다 먼저 저녁을 먹었다.

Pattern 6

〜한 후에

sesudah

예문·회화 연습 듣기

🎧 MP3 097

sesudah는 '〜한 후'와 같이, 어떤 일이 일어난 후에 다른 일이 나중에 일어나는 것을 보여주는 접속사입니다.
sesudah 접속사 복합문은 sesudah 접속사 뒤에 오는 문장부터 해석하는 것이 일반적입니다.
영어의 after와 같습니다.

· 패턴 구조 · A sesudah B

B 한 후에 A

Saya mencuci piring sesudah makan.

나는 밥을 먹은 후에 설거지를 한다.

Dia beristirahat sesudah bekerja seharian.

그는 종일 일한 후에 쉬었다.

Ayah mengunci pintu sesudah kami masuk.

아빠는 우리가 들어온 후에 문을 잠갔다.

Anak itu menangis sesudah temannya pulang.

그 아이는 친구가 집에 간 후에 울었다.

· 회화 연습 ·

A: Apa yang kamu lakukan sesudah pulang kantor?

B: Biasanya saya belajar bahasa Inggris sesudah pulang kantor.

A: Sesudah itu?

B: Sesudah itu, saya pulang ke rumah.

A: 퇴근한 후에 뭐해요?

B: 퇴근한 후에 주로 영어를 배워요.

A: 그 후에는요?

B: 그 후에는 집에 가요.

· 선생님 한마디 ·

sesudah 접속사가 들어가는 문장에서 두 행위를 하는 주어가 같은 경우, sesudah 접속사 뒤에 오는 문장의 주어는 생략 가능합니다.

· 새단어 ·

mengunci 잠그다
menangis 울다

· 응용 패턴 ·

동사 + sesudah + 명사 : (명사) 이후에/다음에 (동사)하다

Saya makan malam sesudah jam 6.

나는 6시 이후에 저녁을 먹었다.

Saya makan malam sesudah dia.

나는 그 사람 다음에 저녁을 먹었다.

~하면서

sambil

예문 회화 연습 듣기

🎧 MP3 098

sambil은 '~하면서'와 같이, 하나의 주어가 어떤 일을 하면서 다른 일을 동시에 한다는 것을 보여주는 접속사입니다.
sambil 접속사 복합문은 sambil 접속사 뒤에 오는 문장부터 해석하는 것이 일반적입니다.
영어의 while과 같습니다.

· 패턴 구조 ·   A sambil B   B 하면서 A

Saya belajar sambil mendengarkan musik.   나는 음악을 들으면서 공부한다.

Mereka bekerja sambil bersantai.   그들은 여유를 부리면서 일했다.

Adik mengerjakan PR sambil menonton TV.

동생은 텔레비전을 보면서 숙제를 한다.

Ayah membaca koran sambil menikmati kopi.

아빠는 커피를 음미하면서 신문을 읽으신다.

· 회화 연습 ·

A: Biasanya apa yang kamu lakukan
sambil membaca buku?

B: Biasanya saya mendengarkan radio
sambil membaca buku.

A: 책을 읽으면서 주로 뭐해요?

B: 책을 읽으면서 주로 라디오를 들어요.

선생님 한마디

접속사 sambil이 들어가는 문장
에 두 행위를 하는 주어는 서로 같
아야 합니다.

새 단어

bersantai   여유를 부리다,
            여유를 즐기다
menikmati   즐기다, 음미하다
mendengarkan   청취하다,
            경청하다
menyapa   말을 걸다

· 응용 패턴 ·

Sambil lalu + 문장 : 지나치며/슬쩍 ~하다

Sambil lalu dia bertanya.   그는 지나치며 물어봤다.

Sambil lalu saya menyapa dia.   나는 슬쩍 그녀에게 말을 걸었다.

Pattern 8

~하는 동안, ~하는 한편

sementara

🎧 MP3 099

예문·회화 연습 듣기

sementara는 '~하는 동안, ~하는 한편'과 같이, 하나의 주어가 어떤 일을 하는 동안 똑같은 주어 또는 다른 주어가 다른 일을 한다는 것을 보여주는 접속사입니다. sementara 접속사 복합문은 sementara 접속사 뒤에 오는 문장부터 해석하는 것이 일반적입니다. 영어의 while 또는 during과 같습니다.

· 패턴 구조 ·

A sementara B

B 하는 동안에 A → 주어가 한개
A는 ~하는 한편 B는 → 주어가 2개

Ibu menonton TV sementara beristirahat.

엄마는 쉬는 동안 텔레비전을 보신다.

Saya memasak sementara menunggu pacar saya.

나는 애인을 기다리는 동안 요리를 한다.

Ibu itu bekerja sementara anaknya tidur.

그 어머니는 아이가 자는 동안에 일을 한다.

Suami itu tidur sementara istrinya membersihkan rumah.

아내는 집을 청소하고 있는 한편 남편은 잠을 자고 있다.

· 회화 연습 ·

A: Apa yang kamu lakukan sementara menunggu saya?

B: Saya mengerjakan tugas sementara menunggu kamu.

A: 나를 기다리는 동안 뭐 했어요?

B: 너를 기다리는 동안 과제를 했어요.

· 선생님 한마디 ·

두 행위를 하는 주어가 서로 다른 경우, sementara는 '한편' 또는 '반면에'라고 해석할 수 있습니다.

· 새 단어 ·

menyala 켜져 있다, 켜지다

· 응용 패턴 ·

Sementara itu, + 문장 : 그러는 동안, 그동안에, 그 사이에

Ayah sedang bekerja. Sementara itu, ibu beristirahat.

아빠는 일하고 있다. 그러는 동안 엄마는 쉬고 있다.

Di rumah tidak ada orang. Sementara itu, TV menyala.

집에 사람이 없다. 그동안에 텔레비전이 켜져 있다.

Pattern 9

~ 때문에

karena

예문·회화 연습 듣기

🎧 MP3 100

karena는 '~ 때문에'와 같이, 원인과 결과를 연결해 주는 접속사입니다. karena 접속사 뒤에 오는 낱말, 구, 절 또는 문장이 바로 그 원인이 됩니다. sehingga와 뜻이 같지만 원인과 결과의 순서가 정반대입니다. karena 접속사 복합문은 karena 접속사 뒤에 오는 문장부터 해석하는 것이 일반적입니다. 영어의 because와 같습니다.

패턴 구조

A karena B

B 하기 때문에 A

Saya tidur karena mengantuk.* 나는 졸리기 때문에 잔다.

Ibu marah karena adik membolos sekolah.

동생이 학교를 빼먹었기 때문에 어머니는 화가 나셨다.

Aini membawa payung karena hari ini hujan.

오늘 비가 오기 때문에 아이니는 우산을 가져왔다.

Kakek membeli obat karena nenek sedang sakit.

할머니가 아프시기 때문에 할아버지는 약을 사셨다.

회화 연습

A: Kenapa kamu tidak makan siang?

B: Saya tidak makan karena tidak lapar.

A: Kenapa tidak lapar?

B: Karena saya makan banyak tadi pagi.

A: 왜 점심을 안 먹어요?

B: 배가 안 고프기 때문에 안 먹어요.

A: 왜 배가 안 고파요?

B: 아까 아침에 많이 먹어서요.

선생님 한마디

karena 접속사가 들어가는 문장에서 두 행위를 하는 주어가 같은 경우, karena 접속사 뒤에 오는 문장의 주어는 생략 가능합니다.

새단어

mengantuk 졸리다
membolos 결석하다,
  (학교 따위) 빼먹다
payung 우산

응용 패턴

동사/형용사 + karena + 명사 : ~ 때문에

Ibu marah karena adik. 엄마는 동생 때문에 화나셨다.

Kami datang karena anak anjing itu. 우리는 그 강아지 때문에 왔다.

그래서, 그러므로

sehingga

예문·회화 연습 듣기

🎧 MP3 101

sehingga는 '그래서'와 같이, 원인과 결과를 연결해 주는 접속사입니다. sehingga 접속사 뒤에 오는 절 또는 문장이 바로 결과가 됩니다. karena와 뜻이 같지만 원인과 결과의 순서가 정반대입니다. sehingga 접속사 복합문은 앞 문장부터 해석하는 것이 일반적입니다. 영어의 so that 또는 therefore과 같습니다.

· 패턴 구조 ·　　A sehingga B　　　　　　　　　　　A 그래서/그러므로 B

Saya mengantuk sehingga **saya tidur.***　　　　나는 졸려서 잔다.
(직역: 나는 졸리다. 그래서 잔다.)

Adik membolos sekolah sehingga **ibu marah.**

동생이 학교를 빼먹어서 어머니는 화가 나셨다. (직역: 동생이 학교를 빼먹었다. 그래서 어머니는 화가 나셨다.)

Hari ini hujan sehingga **Aini membawa payung.**

오늘 비가 와서 아이니는 우산을 가져간다. (직역: 오늘 비가 왔다. 그래서 아이니는 우산을 가져간다.)

Nenek sedang sakit sehingga **kakek membeli obat.**

할머니가 아프셔서 할아버지는 약을 사셨다. (직역: 할머니가 아프시다. 그래서 할아버지는 약을 사셨다.)

· 회화 연습 ·

A: **Kenapa ibu itu terlambat?**

B: **Mobilnya mogok** sehingga **ibu itu terlambat.**

A:　그 여성분은 왜 늦었어요?

B:　그녀의 차가 고장나서 늦었어요.

선생님 한마디

sehingga 접속사가 들어가는 문장에서 두 행위를 하는 주어가 같은 경우라도, sehingga 접속사 뒤에 오는 문장의 주어는 생략되지 않습니다.

새 단어

mogok (고장 나서) 서다. 멈추다

· 응용 패턴 ·

　　　　　A sehingga bisa saja B : A 하기 때문에 B 할 수도 있다

Dia kehujanan kemarin sehingga bisa saja **dia sakit hari ini.**

그는 어제 비를 맞았기 때문에 오늘 아플 수도 있다.

Ayah kemalaman semalam sehingga bisa saja **ayah kesiangan tadi pagi.**

아빠는 어젯밤에 너무 늦게 들어와서 오늘 아침에 늦잠 잤을 수도 있다.

Pattern 11

~ 탓에

gara-gara

🎧 MP3 102

gara-gara는 '~ 탓에'와 같이, 원인과 결과를 연결해 주는 접속사입니다. gara-gara 접속사 뒤에 오는 낱말, 구, 절 또는 문장이 바로 그 원인이 됩니다. 단, karena와 다르게 그 원인은 반드시 부정적인 원인이어야 합니다. gara-gara 접속사 복합문은 gara-gara 접속사 뒤에 오는 문장부터 해석하는 것이 일반적입니다.

• 패턴 구조 • A gara-gara B   B 탓에 A, B 때문에 A

Anak itu dihukum gara-gara tidak membuat PR.   그 아이는 숙제를 안 한 탓에 벌을 받았다.

Kakak terlambat gara-gara kesiangan.   언니는 늦잠 잔 탓에 지각했다.

Ayah marah gara-gara kakak saya.   아빠는 형 때문에 화가 났다.

Saya terlambat gara-gara kehujanan di jalan.   나는 도중에 비를 맞았기 때문에 늦었다.

• 회화 연습 •

A: Kok kamu tidak datang?

B: Maaf. Saya harus masuk kantor.

A: Kenapa? Hari ini hari Minggu, kan?

B: Gara-gara teman saya berhenti bekerja.

A: 왜 안 와요?

B: 죄송해요. 출근해야 해요.

A: 왜요? 오늘 일요일이잖아요?

B: 친구가 일을 그만뒀기 때문이에요.

• 선생님 한마디 •

gara-gara 접속사가 들어가는 문장에서 두 행위를 하는 주어가 같은 경우, gara-gara 접속사 뒤에 오는 문장의 주어는 생략 가능합니다.

• 새 단어 •

dihukum 벌을 받다
membuat PR 숙제를 하다
kehujanan 비를 맞다
di jalan 도중에, 길에서
masuk kantor 출근하다
kok 왜? [구어체]
berhenti bekerja 일을 그만두다
melembur 야근을 하다

• 응용 패턴 •

> Gara-gara itu, + 문장 : 그 이유로 ~

Gara-gara itu, saya harus melembur.   그 이유로 나는 야근해야 한다.

Gara-gara itu, saya tidak masuk kantor.   그 이유로 나는 출근할 수 없다.

164 패턴의 법칙 인도네시아어 *첫걸음*

Pattern

12

~(하)면

kalau

예문·회화 연습 듣기

🎧 MP3 103

kalau는 '~하면'과 같이, 어떤 일이 일어나는 조건을 보여주는 접속사입니다. kalau 접속사 복합문은 kalau 접속사 뒤에 오는 문장부터 해석하는 것이 일반적입니다. 영어의 if와 같습니다.

· 패턴 구조 · A kalau B

B(하)면 A

Saya makan kalau lapar.*

나는 배고프면 먹을 것이다.

Adik bernyanyi kalau sedang sedih.

동생은 슬플 때면 노래를 한다.
(직역: 동생이 슬퍼하고 있으면 노래를 한다.)

Ibu akan memasak kalau ayah sudah sampai.

아빠가 도착하면 엄마는 요리할 것이다.

Ria akan mendapat hadiah kalau dia juara 1.

리아가 1위 하면 그녀는 상금을 받을 것이다.

· 회화 연습 ·

A: Kamu mau makan apa kalau pergi ke Indonesia?

B: Saya mau makan gado-gado.

A: Kalau pergi ke Malaysia?

B: Kalau pergi ke Malaysia, saya mau makan nasi lemak.

A: 인도네시아에 가면 뭐 먹고 싶어요?

B: 인도네시아에 가면 가도가도를 먹어보고 싶어요.

A: 말레이시아에 가요?

B: 말레이시아에 가면 나시르막을 먹어보고 싶어요.

· 선생님 한 마디 ·

kalau 접속사가 들어가는 문장에서 두 행위를 하는 주어가 같은 경우, kalau 접속사 뒤에 오는 문장의 주어는 생략 가능합니다.

· 새 단어 ·

juara 우승자
pasti 반드시, 명확하다, 확실하다
nasi lemak 나시르막
　　　　　(코코넛 밀크로 지은 밥)

· 응용 패턴 ·

> A kalau saja B : B (했)다면 A했을 것이다

Saya pasti senang kalau saja dia datang.

그가 왔다면 나는 기뻐했을 것이다.

Toko itu pasti buka kalau saja bukan hari libur.

휴일만 아니었다면 그 가게는 문을 열었을 것이다.

하지만

tetapi

tapi는 '~ 하지만, 그러나'와 같이, 뒤에 오는 문장이 앞에 오는 문장의 반대임을 보여주는 접속사입니다. tetapi 접속사 복합문은 앞 문장부터 해석하는 것이 일반적입니다. 영어의 but과 같습니다.

· 패턴 구조 ·   A, tetapi B*   A 하지만 B

Dia sedang marah, tetapi bersabar.   그는 화가 나 있지만 참았다.

Saya mengantuk, tetapi bergadang.**   나는 졸리지만 밤을 새운다.

Hari ini sangat dingin, tetapi Tini pergi bertamasya.

오늘은 아주 춥지만 티니 씨는 소풍을 갔다.

Pria itu suka berjalan-jalan, tetapi istrinya suka berbelanja.

남자는 산책하는 것을 좋아하지만 그의 부인은 쇼핑하는 것을 좋아한다.

· 회화 연습 ·

A: Apakah kamu suka berenang di laut?

B: Ya, tetapi istri saya suka naik gunung.

A: Kamu tidak suka naik gunung?

B: Saya suka naik gunung, tetapi lebih suka berenang.

A: 바다에서 수영하는 것을 좋아해요?

B: 네, 하지만 와이프는 등산을 좋아해요.

A: 등산을 안 좋아해요?

B: 등산을 좋아하지만 수영을 더 좋아해요.

선생님 한마디

1. tetapi 접속사 앞에는 무조건 쉼표(,)가 옵니다.

2. tetapi 접속사가 들어가는 문장에서 두 행위를 하는 주어가 같은 경우, tetapi 접속사 뒤에 오는 문장의 주어는 생략 가능합니다.

새 단어

bertamasya 소풍을 가다, 여행 가다

· 응용 패턴 ·

> tidak hanya A, tetapi juga B : A뿐만 아니라 B도 역시

tidak hanya saya, tetapi juga dia   나 뿐만 아니라 그 사람도 역시

Saya tidak hanya belajar, tetapi juga bermain.   나는 공부하는 것 뿐만 아니라 놀기도 한다.

비록 ~할지라도
walaupun

walaupun은 '비록 ~할지라도, ~ 하지만'과 같이, 뒤에 오는 문장이 앞에 오는 문장의 반대임을 보여주는 접속사입니다. walaupun 접속사 복합문은 walaupun 접속사 뒤에 오는 문장부터 해석하는 것이 일반적입니다. 영어의 despite of와 같습니다.

· 패턴 구조 ·

A walaupun B

B 하지만 A, 비록 B 할지라도 A

Dia bersabar walaupun sedang marah.

그는 화가 나 있지만 참았다.

Saya bergadang walaupun mengantuk.*

나는 졸리지만 밤을 새운다.

Saya tidak akan menangis walaupun ibu tidak datang.

비록 엄마가 안 오실지라도 나는 울지 않을 것이다.

Tono pergi berolahraga walaupun hari ini hujan.

비록 오늘 비가 올지라도 토노 씨는 운동하러 갈 것이다.

· 회화 연습 ·

A: Amir pergi ke sekolah?

B: Ya. Amir pergi ke sekolah walaupun hari ini libur.

A: Kenapa?

B: Saya juga tidak tahu.

A: 아미르는 학교에 갔어요?

B: 네. 오늘은 휴일이지만 아미르는 학교에 갔어요.

A: 왜요?

B: 나도 잘 모르겠어요.

선생님 한마디

1. walaupun 접속사가 들어가는 문장에서 두 행위를 하는 주어가 같은 경우, walaupun 접속사 뒤에 오는 문장의 주어는 생략 가능합니다.

2. walaupun begitu는 문장 부사로, 문장 맨 앞에 위치해서 '그렇다 하더라도'라는 의미를 나타냅니다.

새 단어

bersabar 참다. 인내심을 가지다

· 응용 패턴 ·

walaupun begitu, 문장 : 그렇다 하더라도, ~**

Walaupun begitu, dia teman saya.

그렇다 하더라도, 그는 나의 친구이다.

Walaupun begitu, besok adalah hari Senin.

그렇다 하더라도, 내일은 월요일이다.

Pattern 15

~데도

padahal

예문·회화 연습 듣기

🎧 MP3 106

padahal은 '~데도'와 같이, 어떤 일이나 상태가 일어났는데도 그 일이나 상태를 무시하고 다른 일을 하거나 다른 상태가 일어난다는 것을 보여주는 접속사입니다. padahal 접속사 복합문은 padahal 접속사 뒤에 오는 문장부터 해석하는 것이 일반적입니다. 영어의 even though와 같습니다.

• 패턴 구조 • A, padahal B

B인데도 A

Saya berolahraga, padahal saya sedang sakit.

나는 지금 아픈데도 운동을 한다.

Dia pergi sekolah, padahal hari ini libur.

오늘은 휴일인데도 그는 학교에 갔다.

Kami makan di restoran itu, padahal harganya mahal.

그 레스토랑은 가격이 비싼데도 우리는 거기서 식사를 했다.

Ibu mengunci pintu rumah, padahal ayah belum pulang.

아빠가 아직 안 들어왔는데도 엄마는 집 문을 다 잠갔다.

• 회화 연습 •

A: Kenapa kamu makan lagi?

B: Saya masih lapar, padahal saya sudah makan.

A: 왜 또 먹어?

B: 밥을 먹었는데도 아직 배고파.

선 생 님 한 마 디

padahal은 walaupun과 똑같이 해석할 수 있지만, padahal은 뒤에 오는 문장의 내용을 '무시한다'는 뉘앙스가 크기 때문에 사용에 주의해야 합니다. 167p. 참고

새 단 어

pintu 문
roti 빵

• 응용 패턴 •

A, padahal sebenarnya B : 사실 B인데도 A

Dia makan roti itu, padahal sebenarnya roti itu tidak enak.

그 빵은 사실 맛이 없는데도 그는 그 빵을 먹었다.

Ayah pergi berbelanja, padahal sebenarnya tidak mau.

아빠는 사실 가고 싶지 않은데도 장을 보러 가셨다.

~하도록

agar

예문·회화 연습 듣기

🎧 MP3 107

agar는 '~하도록'과 같이, 뒤에 오는 문장이 앞에 오는 문장의 목적이나 희망임을 보여주는 접속사입니다.
agar 접속사 복합문은 agar 접속사 뒤에 오는 문장으로부터 해석하는 것이 일반적입니다.
영어의 in order to와 같습니다.

패턴 구조 A agar B   B 하도록 A

Saya makan agar tidak kelaparan.*   나는 허기지지 않도록 먹는다.

Andi rajin belajar agar lulus ujian.   안디 씨는 시험에 합격하도록 열심히 공부한다.

Rina bernyanyi ninabobo agar anaknya tidur. 그녀의 아이가 자도록 리나 씨는 자장가를 불렀다.

Dia datang tepat waktu agar atasannya senang. 그의 상사가 기뻐하도록 그는 시간을 엄수해 왔다.

회화 연습

A: Kamu sedang apa?
B: Saya sedang berolahraga.
A: Kenapa kamu rajin berolahraga?
B: Saya rajin berolahraga agar tetap sehat.

A: 뭐 하고 있어요?
B: 운동하고 있어요.
A: 왜 열심히 운동을 해요?
B: 건강하기 위해 운동을 열심히 하고 있어요.**
(직역: 건강하도록 운동을 부지런히 하고 있어요.)

선생님 한마디

1. agar 접속사가 들어가는 문장에서 두 행위를 하는 주어가 같은 경우, agar 접속사 뒤에 오는 문장의 주어는 생략 가능합니다.

2. 접속사 agar(~도록)과 전치사 untuk(~을 위해)은 목적을 표현하기 위해 쓰이므로 '~을 위해'로 해석이 가능하지만 agar는 주로 문장이 따라오고 untuk은 주로 명사나 동사가 따라온다는 차이가 있습니다.

새 단어

kelaparan 굶주리다, 허기지다
ninabobo 자장가
tepat waktu 시간을 엄수하다
tetap 변함없이, 그대로, 바뀌지 않고
bergegas 서두르다

응용 패턴

agar bisa + 동사 : ~할 수 있도록

Kami minum kopi agar bisa berkonsentrasi.   우리는 집중할 수 있도록 커피를 마신다.
Dia bergegas agar bisa pulang cepat.   그는 빨리 집에 갈 수 있도록 서둘렀다.

3단계 · 긴 문장 익히기 **169**

4단계

회화로
대화하기

13장

인사하기
감사하기
사과하기

외국어를 배울 때 가장 먼저 배우는 표현 중 하나가 인사 표현입니다. 인도네시아어 인사 표현은 한국어와 다르지만 생각보다 간단합니다. 감사와 사과 표현도 함께 학습해 보세요.

잘 지내셨어요?
Apa kabar?

🎧 MP3 108

인도네시아 사람들은 처음 만난 사람에게는 안부를 잘 묻지 않기 때문에 'Apa kabar?'는 오랜만에 만난 사람에게 하는 인사말로 이해할 수 있습니다. 인사말 뒤에 친하거나 나이가 비슷한 사람에게는 이름을 붙이고, 신분이 높거나 나이가 많은 분에게는 이름 대신 호칭으로 남성의 경우 Bapak, 여성의 경우 Ibu를 붙여서 표현할 수 있습니다.

• 패턴 구조 •	Apa kabar, + 사람?	~, 잘 지내셨어요?
	Apa kabar? *	잘 지내셨어요?
	Apa kabar, Bapak?	선생님, 잘 지내셨어요?
	Apa kabar, Ibu Kim?	(여) 김 선생님, 잘 지내셨어요?
	Apa kabar, Kak Chul Soo?	철수 형/오빠, 잘 지내셨어요?

• 회화 연습 •

A: Apa kabar, Bapak Lee?
B: Baik. Apa kabar, Bu Shin?
A: Baik-baik saja. Bagaimana kabar istri Bapak?
B: Dia juga baik.

A: 이 선생님, 잘 지내셨어요?
B: 네. 신 여사님, 잘 지내셨습니까?
A: 잘 지냈어요. 사모님은 어떻게 지내세요?
B: 집사람 역시 잘 지냅니다.

• 선생님 한마디 •

'Apa kabar?'는 '안녕하세요'보다 '잘 지내셨어요?'라는 의미에 더 가깝습니다. 인도네시아에서는 안부를 물어보는 것이 하나의 예절입니다.

• 응용 패턴 •

Bagaimana kabar ~? : ~은 어떻게 지내세요?

Bagaimana kabar Anda?   당신은 어떻게 지내세요?
Bagaimana kabar keluarga Anda?   가족들은 어떻게 지내세요?

~에게 안부 전해 주세요!

Titip salam untuk ~!

예문·회화 연습 듣기

♪ MP3 109

titip salam은 헤어질 때 하는 인사말로, titip(맡기다)과 salam(안부)을 결합하여 '안부를 전하다'의 의미를 나타냅니다. 주로 상대방의 가족이나 아는 지인에게 안부를 전해 달라는 의미로 쓰이기 때문에 titip salam 뒤에 '~을 위해'의 뜻을 가진 untuk을 같이 씁니다.

· 패턴 구조 ·	
Titip salam untuk + 사람!	~에게 안부 전해 주세요!
제3자 + titip salam untuk + 사람!	~가 ~에게 안부 전해 달랬어요!

Titip salam untuk **keluargamu!**[*]	가족에게 안부 전해 주세요!
Titip salam untuk **suami Anda!**	당신의 남편에게 안부 전해 주세요!
Tina titip salam untuk **kamu.**[**]	띠나가 너에게 안부 전해 달랬어.
Ibu titip salam untuk **bapak Andi.**[***]	엄마가 안디 씨에게 안부 전해 달랬어요.

· 회화 연습 ·

A: Sampai jumpa lagi, Sophie!

B: Iya. Titip salam untuk ibu kamu!

A: Titip salam untuk Chul Soo!

B: Iya. Nanti saya sampaikan.

A: 소피, 또 만나요!

B: 네. 어머니에게 안부를 전해 주세요!

A: 철수에게 안부를 전해 주세요!

B: 네. 전달할게요.

· 선생님 한마디 ·

1. 'titip salam'은 'Bagaimana kabar ~?'와 같이 많이 하는 인사 표현 중 하나입니다.

2. 주어가 생략된 경우[*]
화자 A가 대화 상대 B에게
"C에게 안부 전해 주세요!"

주어가 있는 경우(주어=A)[**]
화자 C가 대화 상대 A(주어)에게
"B가 A에게 안부 전해 달랬어요!"

→ 위의 경우, 2가지 표현으로 나타낼 수 있으나 대화 상대 위치가 정반대입니다.

例 Tina titip salam untuk kamu!
띠나가 너에게 안부 전해 달랬어!

Kamu dapat salam dari Tina!
띠나가 너에게 안부 전해 달랬어!
(직역: 네가 띠나에 의해 안부를 받았어!)

주어가 제3자인 경우(주어=C)[***]
화자 A가 대화 상대 B에게
"C가 D에게 안부 전해 달랬어요!"

· 응용 패턴 ·　🔑화자(C)

주어(A) + **dapat salam dari** + 사람(B) : B가 A에게 안부 전해 달라고 했어요[**]

Kamu dapat salam dari **dia.**	그가 너에게 안부 전해 달라고 했어.
Anda dapat salam dari **Bapak Lee.**	(남) 이 선생님이 당신에게 안부 전해 달라고 했어요.

좋은 ~입니다!

Selamat ~!

🎧 MP3 110

인도네시아어도 영어와 마찬가지로 시간대별로 구분해서 사용하는 인사 표현이 있습니다. Selamat은 '축하하다'의 뜻도 있지만 '무사하다, 안녕하다'라는 의미도 있습니다. Selamat 뒤에 시간 관련 단어가 오면 시간에 따른 인사 표현이 됩니다. '좋은 ~입니다'를 일반적인 인사 표현인 '안녕하세요'로 해석할 수 있습니다.

· 패턴 구조 · Selamat ~!	좋은 ~입니다!
Selamat **pagi**!	좋은 아침입니다! [아침 인사]
Selamat **siang**!	좋은 점심입니다! [점심 인사]
Selamat **sore**, Bapak Kim!	(남) 김 선생님, 좋은 오후입니다! [오후 인사]
Selamat **malam**, Bu Kim!	김 여사님, 좋은 저녁입니다! [저녁 인사]

· 회화 연습 ·

A: Selamat pagi, Bapak Kim!

B: Selamat pagi! Apa kabar?

A: Baik. Apa kabar, Bapak?

B: Baik-baik saja.

A: (남) 김 선생님, 안녕하세요! [아침 인사]

B: 안녕하세요! 잘 지내셨어요? [아침 인사]

A: 네. 잘 지내셨어요?

B: 그럭저럭 잘 지내요.

선생님 한마디

selamat은 동사와 함께 쓰면 '안녕히 ~하세요'의 표현으로 쓰이지만, makan(먹다)과 같이 쓰면 'Selamat makan!'으로 '맛있게 드세요!'의 의미를 나타냅니다.

새 단어

Selamat pagi!
아침 인사 [오전 6~11시]
Selamat siang!
점심 인사 [오전 11~오후 3시]
Selamat sore!
오후 인사 [오후 3~6시]
Selamat malam!
저녁 인사 [오후 6시 이후]

· 응용 패턴 ·

> **Selamat + 동사!** : 안녕히 ~하세요!

Selamat jalan!   안녕히 가세요!

Selamat tinggal!   안녕히 계세요!

축하합니다!

Selamat!

예문·회화 연습 듣기

🎧 MP3 111

Selamat은 '무사하다'의 뜻이지만, 인사말로 쓰이는 경우에는 '축하하다'의 의미를 나타냅니다. 뒤에 상대방 이름 또는 문장이 위치할 수 있습니다. 구체적인 축하를 전할 때는 selamat atas 뒤에 축하 명사를 넣어서 축하 인사를 전합니다.

· 패턴 구조 ·	Selamat, + 사람!	~, 축하합니다!
	Selamat, + 문장!	~을 축하합니다!

Selamat, Kakak!	언니, 축하해요!
Selamat, Bapak!	선생님, 축하드려요!
Selamat, Anda naik pangkat!	승진을 축하드려요!
Selamat, kamu sudah lulus!	졸업을 축하해요!

· 회화 연습 ·

A: Selamat, Anna!
B: Selamat apa?
A: Selamat, kamu sudah lulus!
B: Terima kasih, ya.

A: 안나 씨, 축하해요!
B: 무슨 축하예요?
A: 졸업해서 축하해요!
B: 고마워요.

선생님 한마디

「Selamat atas + 명사!」구조는 주로 어떤 행위의 명사형입니다.
㈜ Selamat, kamu sudah lulus!
= Selamat atas kelulusan kamu!
졸업을 축하해요!

새 단어

pangkat 직위, 직급
naik pangkat 승진하다
kelulusan 졸업
kenaikan pangkat 승진

· 응용 패턴 ·

Selamat atas + 명사! : ~을 축하합니다!

Selamat atas kelulusan kamu! 졸업을 축하합니다!
Selamat atas kenaikan pangkat Anda! 승진을 축하합니다!

감사합니다!
Terima kasih!

예문·회화 연습 듣기

🎧 MP3 112

Terima kasih는 대표적인 감사 표현으로, terima(받다)와 kasih(애정)를 결합하여 '그 애정을 잘 받았다'의 의미로 '감사합니다'라고 해석할 수 있습니다. 답변으로는 'Terima kasih kembali.(천만에요)', 'Kembali.(아니에요)', 'Sama-sama.(저도 고마워요)' 등으로 표현할 수 있습니다.

· 패턴 구조 ·

| Terima kasih, + 사람! | ~, 감사합니다! |
| Terima kasih sudah + 동사! | ~해서 감사합니다! |

Terima kasih, Ibu!	선생님, 감사합니다!
Terima kasih, semuanya!	(친구) 여러분, 감사합니다!
Terima kasih sudah datang!	와 주셔서 감사합니다!
Terima kasih sudah membantu!	도와 주셔서 감사합니다!

· 회화 연습 ·

A: Halo, Chul Soo!

B: Eh, Tina! Terima kasih sudah datang!

A: Selamat ulang tahun, ya!

B: Terima kasih, Tina!

A: 안녕, 철수 씨!

B: 어, 띠나 씨! 와 줘서 고마워요!

A: 생일 축하해요!

B: 띠나 씨, 고마워요!

선생님 한마디

Terima kasih 뒤에 banyak을 붙여 '대단히 감사합니다'로 표현할 수 있습니다.

예 Terima kasih banyak, Ibu!
선생님, 대단히 감사합니다!

새 단어

semuanya 모든, 여러분
sudah 이미

· 응용 패턴 ·

Terima kasih untuk + 명사-nya! : 주신 ~에 감사합니다!

Terima kasih untuk hadiahnya!   주신 선물에 감사합니다!

Terima kasih untuk perhatiannya!   주신 관심에 감사합니다!

Pattern 6

죄송합니다!

Maaf!

예문·회화 연습 듣기

🎧 MP3 113

maaf는 '미안합니다, 죄송합니다'의 뜻으로, 대표적인 사과 표현입니다. 이외에도 다른 사람에게 폐를 끼치거나 타인의 관심을 끌 때 '실례합니다'의 의미로 쓰이기도 합니다.

· 패턴 구조 ·	
Maaf, + 사람!	~, 죄송합니다!
Maaf, + 문장!	~해서 죄송합니다!
Maaf, Kak!	선배님, 죄송합니다!
Maaf, Bapak!	선생님, 죄송합니다!
Maaf, saya terlambat!	늦어서 죄송합니다!
Maaf, kami belum membuat PR!	숙제를 아직 안 해서 죄송합니다!

· 회화 연습 ·

A: Selamat pagi, Ibu!
B: Selamat pagi! Silakan masuk!
A: Maaf, saya terlambat!
B: Tidak apa-apa.

A: 선생님, 좋은 아침입니다(안녕하세요)!
B: 좋은 아침이에요(안녕하세요)! 들어와요!
A: 늦어서 죄송해요!
B: 괜찮아요.

· 응용 패턴 ·

Maaf, boleh saya + 동사? : 실례지만, ~해도 될까요?

Maaf, boleh saya bertanya?　　실례지만, 질문해도 될까요?
Maaf, boleh saya duduk di sini?　　실례지만, 여기에 앉아도 될까요?

14장

소개하기

외국어를 배울 때 가장 먼저 배우는 표현 중 하나가 자기소개입니다. 자기소개뿐만 아니라 주변 사람들을 소개할 때도 필수적으로 쓰이는 소개 표현을 학습해 보세요.

Pattern 1

~의 이름은 ~입니다

Nama ~ adalah ~

예문·회화 연습 듣기

🎧 MP3 114

adalah는 '~이다'의 뜻으로, '이름'의 뜻을 가진 nama를 사용하여 자신의 이름이나 누군가의 이름을 소개할 수 있습니다. adalah는 구어체에서는 생략하는 경우가 많습니다.

· 패턴 구조 · **Nama + 사람 + adalah + 이름**   ~의 이름은 ~입니다

Nama saya adalah Chul Soo.   제 이름은 철수입니다.

Nama kakak saya adalah Sophie.   우리 누나/언니의 이름은 소피입니다.

Nama teman sekelas saya adalah Yumi.   제 반 친구의 이름은 유미입니다.

Nama atasan kami adalah Rahmat.   우리 상사의 성함은 라흐맛입니다.

· 회화 연습 ·

A: Siapa nama Anda?

B: Nama saya adalah Chul Soo.

A: Siapa nama kakak Anda?

B: Nama dia adalah Yumi.

A: 당신의 이름은 뭐예요?

B: 제 이름은 철수예요.

A: 당신 누나의 이름은 뭐예요?

B: 누나의 이름은 유미예요.

선생님 한마디

자기소개 또는 다른 사람을 소개하기 전에 '소개하겠습니다. 소개 드리겠습니다'라는 의미로 'Perkenalkan.'이라고 합니다.

새 단어

teman sekelas 반 친구

· 응용 패턴 ·

Perkenalkan, nama ~ adalah ~ : 소개하겠습니다. ~의 이름은 ~입니다＊

Perkenalkan, nama saya adalah Chul Soo.   소개하겠습니다. 제 이름은 철수입니다.

Perkenalkan, nama istri saya adalah Linda.   소개하겠습니다. 제 아내의 이름은 린다입니다.

Pattern 2

~입니다 [직업]

adalah seorang ~

예문·회화 연습 듣기

🎧 MP3 115

Seorang은 기본적으로 '한 명'이라는 뜻으로 쓰이지만, '직업'을 이야기할 때는 영어의 a/an과 비슷한 역할을 합니다. '~ adalah seorang ~' 패턴에서는 '(직업)입니다'로 해석할 수 있습니다.

· 패턴 구조 · 주어 + adalah seorang + 직업   ~은 ~입니다

Saya adalah seorang guru.	저는 교사입니다.
Suami saya adalah seorang dokter.	제 남편은 의사입니다.
Ayah mertua saya adalah seorang pengacara.	우리 시아버지는 변호사입니다.
Adik ipar dia adalah seorang pegawai negeri.	그녀의 시동생은 공무원입니다.

· 회화 연습 ·

A: Apa pekerjaan Ibu?

B: Saya adalah seorang guru.

A: Apa pekerjaan suami Ibu?

B: Suami saya adalah seorang dokter.

A: 선생님은 직업이 뭐예요?

B: 저는 교사예요.

A: 선생님의 남편은 직업이 뭐예요?

B: 제 남편은 의사예요.

선생님 한마디

adalah는 서술격 조사 '이다'를 뜻하고 일상회화에서는 잘 안 쓰이지만 주로 직업이나 정체를 밝힐 때 씁니다.

새단어

dokter 의사
ayah mertua 배우자의 아버지
pengacara 변호사
adik ipar 배우자의 동생, 동생의 배우자
pegawai negeri 공무원

· 응용 패턴 ·

주어 + adalah orang + 나라 : ~은 ~ 사람입니다

Saya adalah orang Indonesia.   저는 인도네시아 사람입니다.

Chul Soo adalah orang Korea.   철수는 한국 사람입니다.

4단계 · 회화로 대화하기   **183**

Pattern 3

~에서 왔어요

berasal dari ~

예문·회화 연습 듣기

🎧 MP3 116

'berasal dari ~'는 누군가가 어디서 왔는지 또는 어디 출신인지에 대해 말할 때 씁니다. berasal(~에서 왔다, ~ 출신이다)과 출발점을 가리키는 전치사 dari를 결합하여 '~에서 왔다'라고 해석할 수 있습니다.

• 패턴 구조 •   주어 + berasal dari + 장소   ~은 ~에서 왔어요

Saya berasal dari Busan.   저는 부산에서 왔어요.

Dia berasal dari Provinsi Gyeongsang.   그는 경상도에서 왔어요.

Tamu itu berasal dari California.   그 손님은 캘리포니아주에서 왔어요.

Istri dia berasal dari Amerika.   그의 부인은 미국에서 왔어요.

• 회화 연습 •

A: Ibu berasal dari mana?

B: Saya berasal dari Busan.

A: Oh, Ibu orang Korea? *

B: Iya, saya adalah orang Korea.

A: 선생님은 어디에서 오셨어요?

B: 저는 부산에서 왔어요.

A: 아, 그래요? 선생님은 한국 사람이세요?

B: 네, 저는 한국 사람이에요.

• 선생님 한 마디 •

1. 'Oh,'는 '아, 그래요?'라는 의미를 가지고 있지만 해석과 같이 물음표를 사용하지 않고 쉼표로 표기합니다.

Oh? Ibu orang Korea? (×)
Oh, Ibu orang Korea? (O)

2. asli는 '진품, 진짜'라는 뜻을 가지지만 영어의 origin을 뜻하기도 합니다. 따라서 사람이나 물건의 출신지를 밝힐 때 많이 씁니다.

• 새 단어 •

provinsi 주, 도
asli 진짜

• 응용 패턴 •

주어 + asli dari + 장소 : ~은 ~ 토박이에요**

Saya asli dari Jakarta.   저는 자카르타 토박이에요.

Chul Soo asli dari Busan.   철수는 부산 토박이에요.

Pattern 4

~에서 일해요

bekerja di ~

예문·회화 연습 듣기

🎧 MP3 117

'bekerja di ~'는 누군가가 어디서 일하는지에 대해 말할 때 씁니다. bekerja(일하다)와 행위가 일어나는 곳을 가리키는 전치사 di를 결합하여 '~에서 일한다'라고 해석할 수 있습니다.

· 패턴 구조 ·　주어 + bekerja di + 장소　　~은 ~에서 일해요

Saya bekerja di kantor.　　저는 사무실에서 일해요.

Paman bekerja di sekolah.　　삼촌은 학교에서 일해요.

Kami bekerja di PT Chosun Indonesia.　　우리는 조선 인도네시아 주식회사에서 일해요.

Para karyawan itu bekerja di Jakarta.　　그 직원들은 자카르타에서 일해요.

· 회화 연습 ·

A: Siapa nama Anda?

B: Nama saya Anto.

A: Anda bekerja di mana?

B: Saya bekerja di kantor pos.

A: 이름이 뭐예요?

B: 제 이름은 안또예요.

A: 어디에서 일하세요?

B: 저는 우체국에서 일해요.

· 새 단어 ·

para ~들 [인물 복수형 부사]
belum 아직 ~하지 못하다

· 응용 패턴 ·

주어 + belum bekerja : ~은 아직 취직 못했어요

Adik saya belum bekerja.　　내 동생은 아직 취직 못했어요.

Mereka belum bekerja.　　그들은 아직 취직 못했어요.

~에 살아요

tinggal di ~

예문·회화 연습 듣기

🎧 MP3 118

'tinggal di ~'는 누군가가 어디서 사는지에 대해 말할 때 씁니다. tinggal(살다, 거주하다)과 행위가 일어나는 곳을 가리키는 전치사 di를 결합하여 '~에 살다'라고 해석할 수 있습니다.

· 패턴 구조 · 주어 + tinggal di + 장소

~은 ~에/에서 살아요

Saya tinggal di Jakarta.

저는 자카르타에 삽니다.

Dia tinggal di Indonesia.

그는 인도네시아에 삽니다.

Kami tinggal di apartemen.

우리는 아파트에서 삽니다.

Mereka tinggal di kompleks perumahan.

그들은 주택 단지에서 삽니다.

· 회화 연습 ·

A: Anda tinggal di mana?

B: Saya tinggal di Bandung.

A: Anda tinggal di indekos?

B: Tidak, saya tinggal di apartemen.

A: 어디에 살아요?

B: 저는 반둥에 살아요.

A: 자취 집에 살아요?

B: 아니요, 아파트에서 살아요.

선 생 님 한 마 디

인도네시아에서는 전세/월세를 말할 때, 'rumah sewa tahunan / sewa bulanan'으로 표현하지 않고 한 단어인 kontrakan으로 표현합니다. 주거 형태를 말할 때 자주 틀리는 표현이므로 주의하세요.

새 단 어

kompleks perumahan
주택 단지
indekos 자취 집
kontrakan 계약하고 사는 집

· 응용 패턴 ·

~ tinggal di + 주거 형태 : ~에 살아요

Kami tinggal di indekos.

우리는 자취해요. (직역: 우리는 자취 집에 살아요.)

Kami tinggal di kontrakan.*

우리는 전세/월세 집에 살아요.

Pattern 6

~살이에요 [나이]

berumur ~ tahun

예문·회화 연습 듣기

🎧 MP3 119

'berumur ~ tahun'은 누군가의 나이에 대해 말할 때 씁니다. berumur(나이를 가지다, 나이가 있다)와 나이를 세는 수량사 tahun을 결합하여 '~살이다'라고 해석할 수 있습니다.

· 패턴 구조 ·   주어 + berumur + 숫자 + tahun   ~은 ~살이에요

Saya berumur 33 tahun.   저는 33살입니다.

Dia berumur 18 tahun.   그는 18살입니다.

Anak pertama saya berumur 10 tahun.   제 첫아이는 10살이에요.

Kakek itu berumur 105 tahun.   저 할아버지는 105살입니다.

· 회화 연습 ·

A: Ibu punya berapa orang anak?

B: Dua orang.

A: Berapa umur anak kedua Ibu?

B: Anak kedua saya berumur 5 tahun.

A: 아이가 몇 명이에요?

B: 두 명이에요.

A: 둘째 아이는 몇 살이에요?

B: 제 둘째 아이는 5살이에요.

새 단어

anak 아이, 자식
pertama 첫째, 첫
kedua 둘째

· 응용 패턴 ·

> Umur + 사람 + 숫자 + tahun : ~의 나이는 ~살이에요

Umur saya 33 tahun.   제 나이는 33살이에요.

Umur kakek itu 105 tahun.   그 할아버지 연세는 105살입니다.

Pattern 7

~에서 태어났어요

lahir di ~

🎧 MP3 120

'lahir di ~'는 누군가가 어디에서 태어났는지에 대해 말할 때 씁니다. lahir(태어나다)와 행위가 일어나는 곳을 가리키는 전치사 di를 결합하여 '~에서 태어났다'라고 해석할 수 있습니다.

· 패턴 구조 · 주어 + lahir di + 장소   ~은 ~에서 태어났어요

Saya lahir di Medan.   저는 메단에서 태어났습니다.

Dia lahir di Indonesia.   그는 인도네시아에서 태어났습니다.

Cucu kami lahir di rumah sakit.   우리 손자는 병원에서 태어났어요.

Anak anjing saya lahir di rumah semalam.   제 강아지는 어젯밤에 집에서 태어났어요.

· 회화 연습 ·

A: Anda lahir di mana?

B: Saya lahir di Seoul, Korea Selatan.

A: Kapan Anda lahir?

B: Saya lahir pada tanggal 21 September 1979.

A: 어디에서 태어났어요?

B: 저는 한국, 서울에서 태어났어요.

A: 언제 태어났어요?

B: 저는 1979년 9월 21일에 태어났습니다.

· 응용 패턴 ·

주어 + lahir pada tanggal + 날짜 : ~은 ~에 태어났어요

Saya lahir pada tanggal 21 September.   저는 9월 21일에 태어났어요.

Ayah lahir pada tanggal 2 Mei.   아빠는 5월 2일에 태어났어요.

Pattern 8

취미는 ～이에요

Hobi ~ adalah ~

예문·회화 연습 듣기

🎧 MP3 121

'hobi ~ adalah ~'는 누군가의 취미에 대해 말할 때 씁니다. hobi(취미)와 adalah(이다)가 결합하여 '취미는 ～이다'라고 해석할 수 있습니다. adalah 뒤에는 일반 동사보다 '동명사'가 위치합니다. 영어의 경우 동명사(gerund)이며 인도네시아어의 동명사는 동사로 보이지만 그 문장에서 명사 역할을 하고 있습니다.

· 패턴 구조 · Hobi + 사람 + adalah + 동사   ～의 취미는 ～하는 것이에요

Hobi saya adalah memotret.	제 취미는 사진을 찍는 것이에요.
Hobi kakek adalah membaca buku.	할아버지의 취미는 책을 읽는 것이에요.
Hobi bintang film itu adalah bermain piano.	그 영화배우의 취미는 피아노를 치는 것이에요.
Hobi kami sekeluarga adalah mendaki gunung.	우리 일가족의 취미는 등산을 가는 것이에요.

· 회화 연습 ·

A: Bapak berasal dari mana?

B: Saya berasal dari Korea.

A: Apa hobi Bapak?

B: Hobi saya adalah mendaki gunung.

A: 어디에서 오셨어요?

B: 저는 한국에서 왔어요.

A: 취미는 뭐예요?

B: 제 취미는 등산이에요.

선생님 한 마디

취미에 대해서 말할 때 'Hobi ~ adalah ~' 외에도 '좋아하다'를 의미하는 suka를 쓸 수 있습니다.

새 단어

memotret 사진을 찍다
bintang film 영화배우
bermain piano 피아노를 치다
kami sekeluarga 우리 일가족
mendaki gunung 등산을 가다

· 응용 패턴 ·

주어 + suka + 동사 : ～은 ～하는 것을 좋아해요*

Saya suka memotret.   저는 사진 찍는 것을 좋아해요.

Kakek suka membaca buku.   할아버지는 책 읽는 것을 좋아해요.

15장

경험과 계획

외국어로 본인의 경험과 계획을 이야기하는 것은 쉬운 일이 아
닙니다. 경험과 계획을 말하는 다양한 방법을 학습해 보세요.

Pattern 1

~한 적이 있어요

pernah ~

예문·회화 연습 듣기

🎧 MP3 122

pernah는 '~한 적이 있다'의 뜻으로, 동사 앞에 위치해서 어떠한 행동을 한 적이 있다고 말할 때 씁니다.

· 패턴 구조 · 주어 + pernah + 동사 ~한 적이 있어요

Saya pernah naik pesawat.	저는 비행기를 탄 적이 있어요.
Dia pernah makan ayam goreng.	그는 아얌고렝을 먹은 적이 있어요.
Kami pernah menonton film James Bond.	우리는 제임스 본드 영화를 본 적이 있어요.
Ibu Kim pernah berkunjung ke Indonesia.	김 선생님은 인도네시아에 방문한 적이 있어요.

· 회화 연습 ·

A: Bapak pernah makan ayam goreng?

B: Ya, saya sudah pernah makan ayam goreng.

A: Bapak suka ayam goreng?

B: Tentu saja.

A: 선생님은 아얌고렝을 드신 적이 있으세요?

B: 네, 아얌고렝을 먹어 본 적이 있어요.

A: 아얌고렝을 좋아하세요?

B: 당연하죠.

선생님 한마디

pernah 앞에 sudah를 위치시키면 그 경험을 더 강조하는 표현이 됩니다.

새 단어

ayam goreng
아얌고렝 (인도네시아식 닭튀김)

· 응용 패턴 ·

주어 + sudah pernah + 동사 : ~은 ~해 본 적이 있어요*

Ibu Kim sudah pernah pergi ke Indonesia.	김 선생님은 인도네시아에 가 본 적이 있어요.
Keluarga saya sudah pernah berkunjung ke Korea.	우리 가족은 한국에 방문해 본 적이 있어요.

Pattern 2

~해본 적이 없어요

belum pernah ~

🎧 MP3 123

'belum pernah ~'는 어떠한 행동을 해본 적이 없다고 할 때 씁니다. belum(아직 ~하지 않다)을 pernah(~한 적이 있다) 앞에 위치시키면 '~한 적이 없다'의 의미를 나타냅니다.

· 패턴 구조 · 주어 + belum pernah + 동사   ~해본 적이 없어요

Saya belum pernah minum jus.	저는 주스를 마셔본 적이 없어요.
Kami belum pernah mendengar kabar itu.	우리는 그 소식을 들어본 적이 없어요.
Tina belum pernah menelepon dia.	띠나는 그에게 전화해본 적이 없어요.
Sophie belum pernah membuat kue.	소피는 케이크를 만들어본 적이 없어요.

· 회화 연습 ·

A: Sophie, malam ini kamu ada acara?

B: Tidak ada. Ada apa?

A: Kami mau membuat kue bersama.

B: Saya belum pernah membuat kue.

A: 소피, 오늘 저녁에 약속이 있어요?

B: 없어요. 무슨 일 있어요?

A: 우리는 케이크를 함께 만들려고 해요.

B: 저는 케이크를 만들어본 적이 없어요.

· 선생님 한마디 ·

belum 대신에 tidak을 쓰면, 그 행동을 한 경험이 없다는 것을 강조합니다.

1. akan은 어떤 동작을 할 것이라는 것을 보여주는 조동사이기 때문에 tidak akan pernah는 앞으로 어떤 행동을 절대 하지 않을 것이라는 의미를 나타냅니다.

· 새단어 ·

mendengar 듣다
kabar 소식

· 응용 패턴 ·

주어 + tidak akan pernah + 동사 : ~은 절대 ~하지 않을 거예요

Saya tidak akan pernah minum jus.   (앞으로) 저는 주스를 절대 마시지 않을 거예요.

Sophie tidak akan pernah membuat kue.   소피는 케이크를 절대 만들지 않을 거예요.

~한 지 오래됐다
~ sudah lama ~

예문·회화 연습 듣기

🎧 MP3 124

'sudah lama'는 어떠한 행위의 지속 기간을 밝힐 때 쓰는 표현입니다. sudah(다 했다, 하고 왔다)과 lama(오래되다)를 결합하여 동사 앞에 위치할 경우, 어떠한 행위를 한 지 오래되었다는 것을 의미합니다.

· 패턴 구조 · 주어 + sudah lama + 동사   ~은 ~한 지 오래됐다

Saya sudah lama tinggal di sini.   저는 여기에 산 지 오래됐어요.

Sophie sudah lama tidak makan daging.   소피는 고기를 안 먹은 지 오래됐어요.

Saya sudah lama tidak bertemu dengan ibu Kim.   저는 김 선생님을 못 만난 지 오래됐어요.

Chul Soo sudah lama belajar bahasa Indonesia.   철수는 인도네시아어를 공부한 지 오래됐어요.

· 회화 연습 ·

A: Kamu sudah lama tinggal di sini?

B: Saya sudah lama tinggal di sini.
   Mungkin sudah 15 tahun.

A: Wah, sudah lama sekali!

A: 여기에서 산 지 오래됐어요?

B: 저는 여기에서 산 지 오래됐어요.
   아마 15년 정도 됐어요.

A: 와, 정말 오래됐네요!

· 선생님 한마디 ·

sudah lama 사이에 berapa를 위치시키면, 어떤 행동이나 활동을 한 지 얼마나 오래되었는지를 묻는 의문문을 만들 수 있습니다.

· 새 단어 ·

daging 고기
mungkin 아마도
berapa 얼마

· 응용 패턴 ·

Sudah berapa lama + 문장? : ~한 지 얼마나 됐어요?*

Sudah berapa lama Anda tinggal di sini?   여기에서 산 지 얼마나 됐어요?

Sudah berapa lama Tono bekerja di Korea?   또노는 한국에서 일한 지 얼마나 됐어요?

방금 ~했다

baru saja ~

🎧 MP3 125

'baru saja'는 어떠한 행위의 지속 기간을 밝힐 때 쓰는 표현입니다. baru(새롭다)와 saja(단지, 오직)를 결합하여 동사 앞에 위치할 경우, 지금 어떤 행위를 막 했다 또는 그 행위를 한 지 오래되지 않았다는 것을 의미합니다.

· 패턴 구조 · 주어 + baru saja + 동사	~은 방금/(지금) 막 ~했다
Saya baru saja datang.	저는 방금 왔어요.
Dia baru saja pergi ke Singapura.	그녀는 싱가포르로 방금 갔어요.
Anton baru saja makan siang.	안똔은 점심을 (지금) 막 먹었어요.
Deni baru saja selesai berolahraga.	데니는 운동을 (지금) 막 끝냈어요.

· 회화 연습 ·

A: Anton! Kamu dari mana saja?

B: Maaf. Saya baru saja makan siang.
   Kamu sudah lama menunggu?

A: Tidak. Aku baru saja sampai.

A: 안똔 씨! 어디 갔다 왔어요?

B: 미안해요. 점심을 방금 먹고 왔어요.
   오래 기다렸어요?

A: 아니요. 지금 막 도착했어요.

· 선생님 한마디 ·

baru saja는 belum lama와 비슷한 의미이지만, 행위를 한 시간이 정말 짧다는 느낌이 있습니다.

· 응용 패턴 ·

belum lama ~ : ~한 지 얼마 안 됐어요*

Saya belum lama bekerja di Indonesia.
저는 인도네시아에서 일한 지 얼마 안 됐어요.

Chul Soo belum lama belajar bahasa Indonesia.
철수는 인도네시아어를 공부한 지 얼마 안 됐어요.

~에 무엇을 해요?

Apa yang Anda lakukan ~?

예문·회화 연습 듣기

🎧 MP3 126

'Apa yang Anda lakukan ~?'은 어떠한 행동을 하는지에 대해 물어볼 때 씁니다. 인도네시아어는 시제가 없기 때문에 뒤에 따라오는 시점에 따라서 '무엇을 하는지/했는지'의 해석으로 변합니다.

패턴 구조 Apa yang Anda lakukan + 시점?   ~에 무엇을 해요/했어요/할 거예요?

Apa yang Anda lakukan **hari ini?**	오늘 무엇을 해요/했어요?
Apa yang Anda lakukan **kemarin?**	어제 무엇을 했어요?
Apa yang Anda lakukan **bulan lalu?**	지난달에 무엇을 했어요?
Apa yang Anda lakukan **pada akhir minggu?**＊	주말에 무엇을 해요/했어요?

회화 연습

A: **Apa yang kamu lakukan kemarin?**

B: **Saya belajar bahasa Indonesia.**

A: **Apa yang Anda lakukan pada akhir minggu?**

B: **Saya membersihkan rumah.**

A: 어제 뭐 했어요?

B: 인도네시아어를 공부했어요.

A: 주말에 뭐해요?

B: 저는 집을 청소해요.

선생님 한마디

1. 몇몇의 시간 관련 표현은 전치사 pada와 붙일 수 없습니다. 따라서 'Apa yang Anda lakukan ~?'에서 시점 앞에 pada를 사용하는 것에 주의해야 합니다.
36p. 참고

2. 'Apa yang Anda lakukan ~?'의 Anda 앞에 akan 부사를 넣으면 말하는 시점 후에 무엇을 할 것인지를 묻는 의미가 됩니다.

새 단어

nanti malam 오늘 저녁

응용 패턴

Apa yang akan Anda lakukan + 시점? : ~에 무엇을 할 거예요?＊＊

Apa yang akan Anda lakukan **nanti malam?**	오늘 저녁에 뭐 할 거예요?
Apa yang akan Anda lakukan **akhir minggu ini?**	이번 주말에 뭐 할 거예요?

계획대로라면

Rencananya ~

예문·회화 연습 듣기

🎧 MP3 127

rencananya는 '계획대로라면'의 뜻으로, 원래 계획한 대로 하면 어떠한 일을 할 거라고 말할 때 씁니다. 문장 부사로서 문장 맨 앞자리에 위치합니다. 뒤에 문장이 오면서 '계획대로라면 ~할 거예요' 또는 '~할 예정이에요'라고 해석할 수 있습니다.

· 패턴 구조 ·

Rencananya + 문장

계획대로라면 ~은 ~할 거예요
~할 예정이에요

Rencananya saya menikah tahun depan.   계획대로라면 저는 내년에 결혼할 거예요.

Rencananya ibu Kim akan pulang ke Korea.*   계획대로라면 김 선생님은 한국에 귀국할 거예요.

Rencananya dia akan menjual kue di pasar.   그녀는 시장에서 케이크를 팔 예정이에요.

Rencananya Tina bertemu pacarnya hari ini.   오늘 띠나는 남자 친구를 만날 예정이에요.

· 회화 연습 ·

A: Apa yang akan kamu lakukan akhir minggu ini?

B: Rencananya saya akan pergi ke Gyeongju.

A: Kapan rencananya kamu berangkat?

B: Rencananya saya berangkat jam 7 pagi.

A: 이번 주말에 뭐 할 거예요?

B: 계획대로라면 경주에 갈 거예요.

A: 언제 출발할 예정이에요?

B: 계획대로라면 아침 7시에 출발할 거예요.

선 생 님 한 마 디

1. 조동사 akan은 강한 의지나 계획을 가리키며, 정확하거나 반드시 할 것이라고 할 때 rencananya 표현과 함께 쓸 수 있습니다.

2. rencananya 앞에 '언제'를 의미하는 kapan을 위치시키면 어떤 행동을 언제 할 예정인지를 묻는 의문문이 됩니다.

새 단 어

menikah 결혼하다
tahun depan 내년
menjual 팔다

· 응용 패턴 ·

Kapan rencananya + 문장? : ~은 언제 ~할 예정이에요?**

Kapan rencananya dia menikah?   그녀는 언제 결혼할 예정이에요?

Kapan rencananya ibu Kim pulang ke Korea!   김 선생님은 언제 한국에 귀국할 예정이에요?

16장

시간 관련 표현

인도네시아어로 시간을 물어보는 것은 생각보다 어렵지 않습니다. 처음에는 어렵다고 생각할 수 있지만 패턴으로 학습해 보면 의외로 쉽다는 것을 알 수 있습니다. 인도네시아어 시간 관련 표현을 함께 학습해 보세요.

Pattern 1

몇 시?
jam berapa?

예문·회화 연습 듣기

🎧 MP3 128

jam은 '시계'를 뜻하지만, 시간을 말할 때는 '~시'를 의미하기 때문에 berapa(얼마, 몇)와 결합하면 어떤 일이 벌어지는 시각에 대해 물어볼 때 사용하는 '몇 시'의 의미가 됩니다. jam berapa는 문장 맨 앞 또는 맨 뒤에 위치할 수 있으며, 대답할 때는 jam 뒤에 숫자만 붙이면 됩니다.

· 패턴 구조 ·   문장 + jam berapa?
　　　　　　　jam berapa + 문장?

몇 시에 ~해요/했어요/할 거예요?

Sekarang jam berapa?　　　　　　　지금 몇 시예요?

Kamu pulang jam berapa?　　　　　너는 몇 시에 집에 가?

Kita berapat jam berapa?　　　　　우리는 몇 시에 회의할 거예요?

Jam berapa bapak Budi makan siang?　부디 사장님은 점심을 몇 시에 드세요?

· 회화 연습 ·

A: Sekarang jam berapa?

B: Sekarang jam setengah empat.

A: Kita berapat jam berapa?

B: Jam 5 lewat 15 menit.

A: 지금 몇 시예요?

B: 지금 3시 반이에요.

A: 우리는 몇 시에 회의해요?

B: 5시 15분에 회의해요.

· 선생님 한마디 ·

jam berapa 앞에 시간 부사어 표시인 전치사 pada는 함께 나타날 수 있습니다.

· 새 단어 ·

kita 우리 (청자 포함)
berapat 회의하다

· 응용 패턴 ·

pada jam berapa? : 몇 시에 ~?*

Anto makan pada jam berapa?　　　안또는 몇 시에 밥을 먹어요?

Pada jam berapa kita berapat?　　　우리는 몇 시에 회의해요?

~시 ~분

jam ~ lewat ~

예문·회화 연습 듣기

MP3 129

lewat은 '지나다'의 뜻으로, 'jam ~ lewat ~'는 그 시간이 몇 분 지났다는 것을 의미합니다. 'jam ~ lewat ~' 앞에 시간 부사어 표시인 전치사 pada는 함께 나타날 수 있습니다. menit은 '분'이란 뜻이지만 일상생활에서는 잘 쓰지 않기 때문에 생략하는 경우가 많습니다.

패턴 구조 문장 + jam ~ lewat ~ (menit)　　　~시 ~분에 ~해요/했어요/할 거예요

Sekarang jam 2 lewat 10 menit.	지금 2시 10분입니다.
Saya makan jam 12 lewat 25 menit.	저는 12시 25분에 밥을 먹어요.
Kami menyapu kamar pada jam 7 lewat 40.	저희는 7시 40분에 방을 쓸었어요.
Andi akan berkunjung pada jam 3 lewat 30.	안디는 3시 30분에 방문할 거예요.

회화 연습

A: Pak Budi tidak makan siang?

B: Biasanya saya makan jam 12 lewat 25.

A: Saya makan sekarang, ya.

B: Iya, silakan.

A: 부디 씨는 점심 안 드세요?

B: 저는 보통 12시 25분에 밥을 먹어요.

A: 저는 지금 먹을게요.

B: 네, 그러세요.

선생님 한마디

seperempat은 4분의 1이라는 뜻으로, '~시 15분'에서 15분을 '15 menit' 대신 seperempat으로 표현하는 경우가 더 많습니다.

새 단어

seperempat 4분의 1, 15분

응용 패턴

jam ~ lewat seperempat : ~시 15분*

Saya tidur jam 11 lewat seperempat.

Adik berangkat sekolah jam 6 lewat seperempat.

저는 11시 15분에 잠을 자요.

동생은 6시 15분에 학교에 가요.

~시 ~분 전

jam ~ kurang ~

🎧 MP3 130

kurang은 '부족하다'의 뜻으로, 'jam ~ kurang ~'는 그 시간이 몇 분 모자란다는 것을 의미합니다. 'jam ~ kurang ~' 앞에 시간 부사어 표시인 전치사 pada는 함께 나타날 수 있습니다.

· 패턴 구조 · 문장 + jam ~ kurang ~ (menit)   ~시 ~분 전에 ~해요/했어요/할 거예요

Sekarang jam 2 kurang 10 menit.	지금 2시 10분 전이에요.
Saya bangun tidur <u>pada</u> jam 7 kurang 15 menit.	저는 7시 15분 전에 일어났어요.
Kemarin ayah pulang kantor jam 8 kurang 5 menit.	아버지는 어제 8시 5분 전에 퇴근했어요.
Rencananya kami sampai jam 11 kurang 6 menit.	우리는 11시 6분 전에 도착할 예정이에요.

· 회화 연습 ·

A: Bapak sudah lama menunggu?

B: Tidak. Saya baru saja sampai.

A: Bapak sampai jam berapa?

B: Saya sampai sekitar jam 11 kurang 5 menit.

A: 오래 기다리셨나요?

B: 아니요. 저는 방금 도착했어요.

A: 몇 시에 도착하셨어요?

B: 저는 11시 5분 전쯤에 도착했어요.

· 새 단어 ·

pulang kantor 퇴근하다
rencananya 계획대로 하면
baru saja 막 ~했다,
　　　　 ~한 지 얼마 안 됐다
sekitar 쯤, 약, 대략

· 응용 패턴 ·

> jam ~ kurang seperempat : ~시 15분 전

Saya pulang jam 9 kurang seperempat malam.	저는 밤 9시 15분 전에 집에 갔어요.
Mereka kuliah jam 5 kurang seperempat sore.	그들은 5시 15분 전에 수업을 들었어요.

무슨 요일?

hari apa?

'hari apa'는 hari(날, 요일)와 apa(무엇)가 결합하여 '무슨 요일'의 의미로, 어떤 일이 벌어지는 요일 이름에 대해 물어볼 때 사용하는 표현입니다. 문장 맨 앞 또는 맨 뒤에 위치하며, 'hari apa' 앞에 시간 부사어 표시인 전치사 pada는 함께 나타날 수 있습니다.

· 패턴 구조 ·

시기 + hari apa?	~은 무슨 요일이에요?
문장 + hari apa? Hari apa + 문장?	무슨 요일에 ~해요/했어요/할 거예요?

Hari ini hari apa?	오늘은 무슨 요일이에요?
Bayi itu lahir hari apa?	그 아기는 무슨 요일에 태어났어요?
Pameran itu dibuka hari apa?	그 전시회는 무슨 요일에 열리나요?
Hari apa paket itu dikirim dari Seoul?	그 소포는 서울에서 무슨 요일에 보냈어요?

· 회화 연습 ·

A: Besok hari apa?

B: Besok hari Kamis.

A: Hari apa orang tua kamu datang?

B: Hari Sabtu.

A: 내일은 무슨 요일이에요?

B: 내일은 목요일이에요.

A: 부모님은 무슨 요일에 오세요?

B: 토요일이에요.

선생님 한마디

요일 이름은 hari와 함께 써야 그 의미가 전달됩니다. 토요일의 경우, Sabtu가 아니라 hari Sabtu 라고 해야 합니다.

새단어

pameran 전시회
dibuka 열리다
paket 소포
dikirim 보내지다, 발송되다

· 응용 패턴 ·

> pada hari apa? : 무슨 요일에 ~?

Paket itu dikirim pada hari apa?   그 소포는 무슨 요일에 보냈어요?

Pada hari apa bayi itu lahir?   그 아기는 무슨 요일에 태어났어요?

Pattern 5

몇 월?

bulan apa?

🎧 MP3 132

'bulan apa'는 bulan(달, 월)과 apa(무엇)가 결합하여 '몇 월'의 의미로, 어떤 일이 벌어지는 월 이름에 대해 물어볼 때 사용하는 표현입니다. 문장 맨 앞 또는 맨 뒤에 위치하며, 'bulan apa' 앞에 시간 부사어 표시인 전치사 pada는 함께 나타날 수 있습니다.

· 패턴 구조 ·	
시기 + bulan apa?	~은 몇 월이에요?
문장 + bulan apa?	
Bulan apa + 문장?	몇 월에 ~해요/했어요/할 거예요?

Bulan ini bulan apa?	이번 달은 몇 월이에요?
Dia akan datang bulan apa?	그는 몇 월에 오나요?
Pak guru berulang tahun bulan apa?	선생님은 몇 월에 생일을 맞이하시나요?
Bulan apa menteri itu akan berkunjung?	그 장관은 몇 월에 방문하나요?

· 회화 연습 ·

A: Bulan ini bulan apa?

B: Bulan ini bulan Mei.

A: Bulan apa kamu berulang tahun?

B: Bulan Juni.

A: 이번 달은 몇 월이에요?

B: 이번 달은 5월이에요.

A: 몇 월에 생일을 맞이해요?

B: 6월에요.

· 선생님 한마디 ·

월 이름은 bulan과 함께 써야 그 의미가 전달됩니다. 5월의 경우, Mei가 아니라 bulan Mei라고 해야 합니다.

· 새단어 ·

bulan ini 이번 달
berulang tahun 생일을 맞이하다
menteri 장관

· 응용 패턴 ·

pada bulan apa? : 몇 월에 ~?

Pada bulan apa dia akan datang?	그는 몇 월에 오나요?
Menteri itu akan berkunjung pada bulan apa?	그 장관은 몇 월에 방문하나요?

며칠?
tanggal berapa?

예문·회화 연습 듣기

🎧 MP3 133

tanggal은 '날짜'를 뜻하지만, 한 달 중 몇 번째 날인지 알려 줄 때는 '~일'을 의미하기 때문에 berapa(얼마, 몇)와 결합하면 어떤 일이 벌어지는 날짜에 대해 물어볼 때 사용하는 '며칠'의 의미가 됩니다. 'tanggal berapa'는 문장 맨 앞또는 맨 뒤에 위치할 수 있으며, 대답할 때는 tanggal 뒤에 숫자만 붙이면 됩니다.

· 패턴 구조 ·		
시기 + tanggal berapa?		~은 며칠이에요?
문장 + tanggal berapa? Tanggal berapa + 문장?		며칠에 ~해요/했어요/할 거예요?

Hari ini tanggal berapa?	오늘 며칠이에요?
Ayah berangkat tanggal berapa?	아버지는 며칠에 떠나세요?
Tina pergi ke Korea tanggal berapa?	띠나는 며칠에 한국에 가요?
Tanggal berapa **kita bertemu klien?**	우리는 며칠에 고객을 만나요?

· 회화 연습 ·

A: Hari ini tanggal berapa?

B: Hari ini tanggal 31 Oktober.**

A: Kita bertemu klien tanggal berapa?

B: Kita bertemu tanggal 2 November.

A: 오늘 며칠이에요?

B: 오늘은 10월 31일이에요.

A: 우리는 며칠에 클라이언트를 만나요?

B: 11월 2일에 만나요.

· 선생님 한마디 ·

1. tanggal berapa 앞에 시간 부사어 표시인 전치사 pada는 함께 나타날 수 있습니다.

2. 인도네시아어로 날짜를 이야기할 때는 '일-월-년' 순서로 말해야 합니다.

· 새 단어 ·

klien 고객, 거래처

· 응용 패턴 ·

pada tanggal berapa? : 며칠에 ~?*

Tina pergi pada tanggal berapa?   띠나는 며칠에 가나요?

Pada tanggal berapa kita berapat?   우리는 며칠에 회의해요?

17장

가게에서

해외여행 시 필수 표현 중 하나는 쇼핑에서 필요한 표현들입니다. 어떤 물건을 찾고 있는지, 어떤 물건을 더 좋아하는지 그리고 가격 흥정까지 다양한 표현을 학습해 보세요.

~을 찾고 있어요

sedang mencari ~

예문·회화 연습 듣기

🎧 MP3 134

'sedang mencari ~'는 가게에서 어떤 물건을 찾는지에 대해 말할 때 씁니다. mencari(찾다, 구하다)와 어떤 동작이나 상태가 지속되고 있다는 것을 보여 주는 조동사 sedang을 결합하여 '~을 찾고 있다'의 의미를 나타냅니다.

· 패턴 구조 · 주어 + sedang mencari + 명사   ~은 ~을 찾고 있어요

Saya sedang mencari baju.	저는 옷을 찾고 있어요.
Saya sedang mencari roti keju.	저는 치즈 빵을 찾고 있어요.
Kami sedang mencari topi putih.	우리는 흰 모자를 찾고 있어요.
Teman saya sedang mencari obat flu.	제 친구는 감기약을 찾고 있어요.

· 회화 연습 ·

A: Ada yang bisa dibantu?

B: Saya sedang mencari roti keju.

A: Sekarang hanya tersisa roti daging.*

B: Kalau begitu, saya ambil roti daging tiga.

A: 어떻게 도와드릴까요?

B: 저는 치즈빵을 찾고 있어요.

A: 지금은 소고기 빵만 남았어요.

B: 그러면, 소고기 빵 3개로 할게요.

· 선생님 한마디 ·

daging은 '고기'라는 뜻이지만, 뒤에 다른 수식어가 없을 경우, 보통 '소고기'로 이해합니다.

· 새단어 ·

keju 치즈
topi 모자
putih 하얀, 흰
obat flu 감기약
hanya 단지, 오직
tersisa 남다
kalau begitu 그러면

· 응용 패턴 ·

주어 + mau membeli + 명사 : ~은 ~을 사려고 해요

Saya mau membeli topi putih.	저는 하얀 모자를 사려고 해요.
Kami mau membeli roti keju.	우리는 치즈 빵을 사려고 해요.

Pattern 2

~이 있나요?

Anda punya ~?

예문·회화 연습 듣기

🎧 MP3 135

'Anda punya ~?'는 주로 손님이 가게 직원에게 어떤 물건 또는 서비스가 있는지에 대해 물어볼 때 '~을 가지고 있나요?'라는 의미로 쓰입니다. 찾는 물건이 있는지 물어본다는 의미에서 '~이 있나요?'로 해석할 수 있습니다.

· 패턴 구조 ·

Anda punya + 명사?   ~이 있나요?

Anda punya gula?	설탕이 있나요?
Anda punya celana hitam?	검은색 바지가 있나요?
Anda punya obat sakit kepala?	두통약이 있나요?
Anda punya kue bolu cokelat?	초콜릿 케이크가 있나요?

· 회화 연습 ·

A: Anda punya obat sakit kepala?

B: Ya, ada. Ada lagi?

A: Anda juga punya obat diare?

B: Ya. Semua dua puluh ribu rupiah.

A: 두통약이 있나요?

B: 네, 있어요. (찾는 것이) 또 있나요?

A: 설사약도 있나요?

B: 네. 다 해서 20만 루피아예요.

· 새 단 어 ·

celana hitam 검은색 바지
obat sakit kepala 두통약
kue bolu cokelat 초콜릿 케이크
obat diare 설사약
semua 다, 모두

· 응용 패턴 ·

Anda menjual + 명사? : ~을 팔아요?

Anda menjual syal?	목도리를 팔아요?
Anda menjual obat flu?	감기약을 팔아요?

Pattern 3

~을 시도하고 싶어요

mau mencoba ~

🎧 MP3 136

'mau mencoba ~'는 판매 제품을 입어 보거나 시식해 보고 싶을 때 사용합니다. mau mencoba는 mencoba(시도하다, 도전하다)와 의지 또는 소망을 나타내는 조동사 mau를 결합하여 '시도하고 싶다'의 의미를 나타냅니다. 시도의 표현이기 때문에 뒤에 오는 명사에 따라서 '입어 보고 싶다, 먹어 보고 싶다' 등의 해석으로 변할 수 있습니다.

· 패턴 구조 · mau mencoba + 명사   ~을 시도하고 싶어요

Saya mau mencoba jaket itu.	저는 저 재킷을 입어 보고 싶어요.
Dia mau mencoba ukuran M.	그는 M 사이즈를 입어 보고 싶어 해요.
Anak saya mau mencoba sepatu hitam itu.	제 아이는 저 검은색 신발을 신어 보고 싶어 해요.
Kami mau mencoba es krim rasa durian itu.	우리는 그 두리안 맛 아이스크림을 먹어 보고 싶어요.

· 회화 연습 ·

A: Saya sedang mencari jaket.

B: Jaket ada di sebelah sini.

A: Saya mau mencoba jaket ini.

A: Iya, silakan!

A: 저는 재킷을 찾고 있어요.

B: 재킷은 이쪽에 있어요.

A: 저는 이 재킷을 입어 보고 싶습니다.

B: 네, 그러세요!

· 선생님 한마디 ·

'mau mencoba ~' 패턴 외에 무엇인가를 시도해 봐도 되는지를 묻는 의문문으로 'Boleh saya mencoba ~' 표현이 있습니다.

· 새단어 ·

ukuran M M 사이즈
sebelah sini 이쪽

· 응용 패턴 ·

Boleh saya mencoba + 명사? : ~ 을 시도해 봐도 되나요?

Boleh saya mencoba baju ini?	이 옷을 입어 봐도 되나요?
Boleh saya mencoba sepatu ini?	이 신발을 신어 봐도 되나요?

Pattern 4

저는 ~이 더 좋아요
Saya lebih suka ~

예문·회화 연습 듣기

🎧 MP3 137

'Saya lebih suka ~'는 둘 이상의 어떤 상품 중에서 어떤 것이 더 마음에 든다고 할 때 씁니다. lebih suka는 lebih(더 하다)와 suka(좋아하다)가 결합되어 '더 좋다'의 의미를 나타냅니다.

• 패턴 구조 • Saya lebih suka + 명사   저는 ~이 더 좋아요

Saya lebih suka **ini**.   저는 **이것이** 더 좋아요.

Saya lebih suka **rok itu**.   저는 **저 치마가** 더 좋아요.

Saya lebih suka **ukuran XL**.   저는 **XL 사이즈가** 더 좋아요.

Saya lebih suka **sepatu kets ini**.   저는 **이 운동화가** 더 좋아요.

• 회화 연습 •

A: Bapak mau ambil pantofel ini?

B: Saya lebih suka sepatu kets ini.
　 Berapa harganya?

A: Setelah diskon, menjadi seratus ribu rupiah.

A: 손님, 이 구두는 어떠세요? (직역: 이 구두를 살 건가요?)

B: 저는 이 운동화가 더 좋아요.
　 가격이 얼마예요?

A: 세일해서, 10만 루피아입니다.

선 생 님 한 마 디

쇼핑 중 어떤 물건을 사고자 하는 마음이 생겼을 때는 'Saya mau ~ saja' 표현으로 사겠다는 의사 표현을 할 수 있습니다.

새 단 어

ukuran XL　XL 사이즈
sepatu kets　운동화
pantofel　구두

• 응용 패턴 •

> Saya mau + 명사 + saja : 저는 ~을 살게요*

Saya mau **kemeja ini** saja.   저는 이 와이셔츠를 살게요.

Saya mau **tas putih ini** saja.   저는 이 흰 가방를 살게요.

Pattern 5

B보다 A가 더 ~해요

A lebih ~ daripada B

예문·회화 연습 듣기

🎧 MP3 138

'A lebih ~ daripada B'는 두 대상의 특징을 가지고 비교할 때 씁니다. lebih(더하다)는 형용사 앞에 붙이고, '~보다'
를 나타내는 전치사 daripada는 비교 대상 앞에 위치합니다.

• 패턴 구조 • A lebih + 형용사 + daripada B B보다 A가 더 ~해요

Ini lebih panjang daripada itu.	저것보다 이것이 더 길어요.
Baju ibu lebih mahal daripada baju adik.	동생 옷보다 어머니 옷이 더 비싸요.
Es krim ini lebih enak daripada es krim itu.	저 아이스크림보다 이 아이스크림이 더 맛있어요.
Celana ini lebih murah dan bagus daripada celana itu.	저 바지보다 이 바지가 더 저렴하고 좋아요.

• 회화 연습 •

A: Kamu suka kemeja itu?

B: Saya lebih suka kaus ini.

A: Kenapa?

B: Kaus ini lebih trendi daripada kemeja itu.

A: 그 와이셔츠는 맘에 들어요(좋아요)?

B: 저는 이 티셔츠가 더 좋아요.

A: 왜요?

B: 그 와이셔츠보다 이 티셔츠가 더 최신 유행이에요.

• 새 단어 •

panjang 길다
enak 맛있다
kaus 티셔츠
trendi 최신 유행의

• 응용 패턴 •

Saya lebih suka A daripada B : 저는 B보다 A를 더 좋아해요

Saya lebih suka celana ini daripada celana itu.	저는 저 바지보다 이 바지를 더 좋아해요.
Saya lebih suka rumah ini daripada rumah itu.	저는 저 집보다 이 집을 더 좋아해요.

Pattern 6

저는 ~(으)로 할게요

Saya ambil ~

예문·회화 연습 듣기

🎧 MP3 139

'Saya ambil ~'은 어떤 물건을 선택하거나 사려고 할 때 씁니다. ambil 동사는 '가져가다'라는 의미가 있어서 Saya ambil은 '내가 가져간다'의 뜻이지만, 선택한 물건을 가져간다는 의미에서 '저는 ~(으)로 할게요/살게요'라는 의미로 해석할 수 있습니다. 'Saya ambil ~' 뒤에는 명사가 위치합니다.

· 패턴 구조 ·   Saya ambil + 명사   저는 ~(으)로 할게요

Saya ambil **jas ini**.   저는 이 정장으로 할게요.

Saya ambil **celana pendek ini**.   저는 이 반바지로 할게요.

Saya ambil **sepatu kets biru ini**.   저는 이 파란색 운동화로 할게요.

Saya ambil **blus ukuran M itu**.   저는 저 M 사이즈 블라우스로 할게요.

· 회화 연습 ·

A: Kamu lebih suka yang mana?

B: Celana putih itu lebih bagus daripada celana hitam ini.

A: Jadi, kamu ambil yang mana?

B: Saya ambil celana putih itu.

A: 어느 것이 더 좋아요?

B: 저 검은색 바지보다 이 하얀색 바지가 더 좋아요.

A: 그럼, 어느 것으로 할 거예요?

B: 저는 그 하얀색 바지로 할게요.

새 단어

jas 정장, 재킷
celana pendek 반바지
biru 파란색
blus 블라우스
yang mana? 어느 거예요?

· 응용 패턴 ·

Saya ambil yang + 형용사/색깔 : 저는 ~한 것으로 할게요

Saya ambil yang **besar**.   저는 큰 것으로 할게요.

Saya ambil yang **hitam**.   저는 검은색으로 할게요.

~은 가격이 얼마예요?

Berapa harga ~?

예문·회화 연습 듣기

🎧 MP3 140

'Berapa harga ~?'는 어떤 물건의 가격에 대해 물어볼 때 쓰는 의문사입니다. berapa(몇, 얼마)와 harga(가격)를 결합하여 '가격이 얼마예요?'의 의미를 나타냅니다. harga 뒤에는 물건 명사가 위치하기 때문에 그 물건의 가격을 묻는 표현으로 이해할 수 있습니다.

· 패턴 구조 · Berapa harga + 명사?　　　　　~은 가격이 얼마예요?

Berapa harga **majalah ini**?	이 잡지는 가격이 얼마예요?
Berapa harga **koper besar itu**?	저 큰 여행 가방은 가격이 얼마예요?
Berapa harga **sepatu kulit ini**?	이 가죽 신발은 가격이 얼마예요?
Berapa harga **obat diare itu**?	저 설사약은 가격이 얼마예요?

· 회화 연습 ·

A: Permisi. Berapa harga tas ini?

B: Harganya tiga ratus lima puluh ribu rupiah.

A: Berapa harga sepatu ini?

B: Harganya lima ratus ribu rupiah.

A: 실례합니다. 이 가방은 가격이 얼마예요?

B: 35만 루피아입니다.

A: 이 신발은 가격이 얼마예요?

B: 50만 루피아입니다.

새 단어

koper 여행 가방
kulit 가죽, 껍질
ongkos 비용
memperbaiki 고치다, 수선하다

· 응용 패턴 ·

Berapa ongkos untuk + 동사? : ~하는 비용이 얼마예요?

Berapa ongkos untuk **mengirim buku ini**?　　　이 책을 보내는 비용이 얼마예요?

Berapa ongkos untuk **memperbaiki celana ini**?　　이 바지를 수선하는 비용이 얼마예요?

~의 가격을 깎아 주세요!

Tolong kurangi harga ~!

예문·회화 연습 듣기

🎧 MP3 141

어떤 물건의 가격을 깎아 달라고 할 때 쓰는 완곡 표현입니다. kurangi는 '깎아라'의 뜻을 가진 명령형으로, 'kurangi harga'만 쓸 경우 '가격을 깎으세요'라는 명령어가 되기 때문에 영어의 please와 같은 역할을 하는 tolong(도와주다, 해 주세요)을 kurangi 앞에 위치시킴으로써 '깎아 주세요'라는 완곡 표현을 만들 수 있습니다.

· 패턴 구조 · **Tolong kurangi harga + 명사!** ~의 가격을 깎아 주세요!

Tolong kurangi harga **terusan ini!**	이 원피스의 가격을 깎아 주세요!
Tolong kurangi harga **buah-buahan ini!**	이 과일들의 가격을 깎아 주세요!
Tolong kurangi harga **sandal dan sepatu itu!**	그 샌들과 신발의 가격을 깎아 주세요!
Tolong kurangi harga **aksesori cantik itu!**	그 예쁜 액세서리의 가격을 깎아 주세요!

· 회화 연습 ·

A: Maaf. Berapa harga jaket itu?

B: Harganya satu juta rupiah.

A: Tolong kurangi harga jaket itu!

B: Maaf! Sudah harga pas.

A: 실례합니다. 그 재킷의 가격은 얼마예요?

B: 100만 루피아예요.

A: 그 재킷의 가격을 깎아 주세요!

B: 죄송합니다! 정찰제입니다.

선생님 한마디

'Tolong kurangi harga ~'의 같은 의미로 'Tolong beri diskon untuk ~'가 있습니다.

새단어

terusan 원피스
sandal 샌들
harga pas 정가, 정찰제
selimut 이불
beri 주다
diskon 할인

· 응용 패턴 ·

Tolong beri diskon untuk + 명사! : ~(의 가격을) 깎아 주세요!*

Tolong beri diskon untuk **sepatu ini!** 이 신발(의 가격을) 깎아 주세요!

Tolong beri diskon untuk **selimut ini!** 이 이불(의 가격을) 깎아 주세요!

18장

식당에서

해외여행 시 필수 표현 중 하나는 음식점에서의 표현입니다. 음식 주문과 포장 유무에 관한 표현 등 가장 많이 쓰는 다양한 표현을 학습해 보세요.

Pattern 1

예문·회화 연습 듣기

여기(에) ~이 있나요?

Di sini ada ~?

🎧 MP3 142

'Di sini ada ~?'는 원하는 메뉴가 있는지 상대에게 물어볼 때 사용하는 표현입니다. Di sini(여기에)와 ada(있다)를 결합하여 '여기에 ~ 있어요?'라는 의미를 나타냅니다. 'Di sini ada' 뒤에는 음식 이름인 명사가 위치합니다. 이 표현은 음식점뿐만 아니라 무엇인가를 찾을 때도 사용이 가능합니다.

· 패턴 구조 · Di sini ada + 명사(음식 이름/메뉴)?	여기(에) ~이 있나요?
Di sini ada apa?	여기(에)는 뭐가 있나요?
Di sini ada nasi goreng?	여기(에) 나시고렝이 있나요?
Di sini ada ikan bakar?	여기(에) 생선구이가 있나요?
Di sini ada masakan Korea?	여기(에) 한국 요리가 있나요?

· 회화 연습 ·

A: Permisi. Di sini ada masakan Korea?

B: Ya, ada.

A: Di sini ada bulgogi?

B: Tentu saja.

A: 실례합니다. 여기 한국 요리가 있나요?

B: 네, 있어요.

A: 여기에 불고기 있나요?

B: 물론이죠.

선생님 한마디

음식점뿐만 아니라 어떤 물건 찾을 때도 쓸 수 있습니다.
예 Di sini ada kemeja?
여기(에) 와이셔츠가 있나요?

새 단어

nasi 밥
ikan bakar 생선(직화) 구이
tentu saja 당연하죠, 물론이죠

· 응용 패턴 ·

Restoran ini punya + 메뉴/음식 이름 : 이 식당은 ~이 있나요?

Restoran ini punya nasi goreng?	이 식당은 나시고렝이 있나요?
Restoran ini punya masakan Korea?	이 식당은 한국 요리가 있나요?

~을 주문할게요

mau memesan ~

예문·회화 연습 듣기

∩ MP3 143

'mau memesan ~'은 주문할 때 사용하는 표현입니다. memesan(주문하다, 예약하다)과 화자의 의지 또는 희망을 나타내는 조동사 mau를 결합하여 '주문할게요'라는 의미를 나타냅니다. memesan 뒤에는 음식 이름인 명사가 위치합니다.

· 패턴 구조 · mau memesan + 메뉴/음식 이름　　　~을 주문할게요

Saya mau memesan rendang.　　　　　　　저는 른당을 주문할게요.

Saya mau memesan teh manis.　　　　　　저는 떼마니스를 주문할게요.

Kami mau memesan rendang dan nasi goreng.　우리는 른당과 나시고렝을 주문할게요.

Kami mau memesan rendang, nasi goreng,　　우리는 른당과 나시고렝과 떼마니스를
dan teh manis.　　　　　　　　　　　　　주문할게요.

· 회화 연습 ·

A: Anda mau memesan apa?

B: Saya mau memesan sate dan es teh manis.

C: Saya mau memesan nasi goreng dan es teh.

A: Baik. Ada lagi?

A: 무엇을 주문하시겠어요?

B: 저는 사떼와 에스떼 마니스를 주문할게요.

C: 저는 른당과 에스떼를 주문할게요.

A: 알겠습니다. 더 있으세요?

· 선생님 한마디 ·

mau memesan 뒤에 음식 이름이 아닌, 다른 명사가 위치할 경우에는 예약 또는 예매하겠다는 의미가 됩니다. (kursi(좌석), tiket(티켓), kamar(객실) 등)

(예) Saya mau memesan tiket.
　　저는 티켓을 예매하겠습니다.

· 새단어 ·

rendang 른당 (소고기 조림)
teh manis 떼마니스 (달콤한 홍차)
sate 사떼 (꼬치)
es teh manis 에스떼 마니스
　　　　　　(차가운 달콤한 홍차)
es teh 에스떼 (시원한 홍차)
tempat 공간, 자리

· 응용 패턴 ·

mau memesan tempat untuk + 숫자 + orang ~ : ~명을 위해 (자리를) 예약하려고 해요*

Saya mau memesan tempat untuk 2 orang.　저는 2명을 위해 (자리를) 예약하려고 해요.

Ibu mau memesan tempat untuk 4 orang.　엄마는 4명을 위해 (자리를) 예약하려고 해요.

Pattern 3

~하지 않게 해 주세요!

Tolong jangan ~!

예문·회화 연습 듣기

🎧 MP3 144

'Tolong jangan ~!'은 주문할 때 요청하고 싶은 것에 대해 말할 때 사용하는 표현입니다. 겸양 표현인 tolong(도와주다, 해 주세요)과 jangan(하지 마세요)을 결합하여 '~하지 않게 해 주세요!'의 의미를 나타냅니다. 뒤에는 형용사가 위치합니다.

패턴 구조	
Tolong jangan + 형용사!	~하지 않게 해 주세요
Tolong jangan + terlalu + 형용사!	
Tolong jangan + 형용사-형용사!	너무 ~하지 않게 해 주세요

Tolong jangan **manis**!	달지 않게 해 주세요!
Tolong jangan **terlalu pedas**!	너무 맵지 않게 해 주세요!
Tolong jangan **pedas-pedas**!	너무 맵지 않게 해 주세요!
Tolong jangan **asin-asin**!	너무 짜지 않게 해 주세요!

회화 연습

A: Saya mau memesan nasi goreng.

B: Ada lagi?

A: Itu saja. Tolong jangan terlalu pedas!

B: Iya, Bu.

A: 나시고렝을 주문할게요.

B: 더 있으세요?

A: 그것만요. 너무 맵지 않게 해 주세요!

B: 네.

선생님 한마디

pakai는 '쓰다, 사용하다'라는 의미로 주로 쓰이지만, '추가하다, 넣다'의 뜻도 있습니다.

새 단어

tolong ~해 주세요
jangan ~하지 마세요
　　　　 [부정 명령 부사]
terlalu 너무
pakai (= memakai) 쓰다,
　　　　　　　　사용하다
bawang bombai 양파
saus tomat 케첩

응용 패턴

Tolong jangan pakai + 음식 재료! : ~을 넣지 마세요! *

Tolong jangan pakai **bawang bombai**!　　　양파를 넣지 마세요!
Tolong jangan pakai **saus tomat**!　　　　케첩을 넣지 마세요!

220 패턴의 법칙 인도네시아어 첫걸음

Pattern 4

(저에게) ~을 주시겠어요?

Boleh (saya) minta ~?

예문·회화 연습 듣기

🎧 MP3 145

'Boleh saya minta ~?'는 종업원에게 어떤 것을 부탁할 때 쓰는 겸손한 표현입니다. 'boleh saya ~?'는 '내가 ~해도 될까요?'를 의미하며 뒤에 동사 minta(요구하다)와 결합하여 '제가 ~을 부탁해도 되나요?'라는 의미가 됩니다. 일반적인 겸손의 표현이므로 '~을 주시겠어요?' 정도로 해석할 수 있습니다. saya는 일상생활에서 생략 가능합니다.

· 패턴 구조 · Boleh (saya) minta + 명사? (저에게) ~을 주시겠어요?

Boleh saya minta **sendok**? 저에게 숟가락을 주시겠어요?

Boleh saya minta **sambal**? 저에게 삼발소스를 주시겠어요?

Boleh minta **bon**? (저에게) 계산서를 주시겠어요?

Boleh minta **piring kosong**? (저에게) 빈 접시를 주시겠어요?

· 회화 연습 ·

A: Mas! Boleh saya minta piring kosong?

B: Iya, silakan.

A: Boleh minta sambal lagi?

B: Ini.

A: 저기요! 빈 접시를 주시겠어요?

B: 네, 여기 있어요.

A: (저에게) 삼발소스를 더 주시겠어요?

B: 여기 있습니다.

· 새 단어 ·

sendok 숟가락
bon 계산서
piring 접시
kosong 비어 있다
dibungkus 포장되다
tusuk 꼬치 [단위 명사]

· 응용 패턴 ·

Boleh saya minta + 메뉴/음식 이름 + dibungkus? : ~을 포장해 줄 수 있나요?

Boleh saya minta **nasi goreng** dibungkus? 나시고렝을 포장해 줄 수 있나요?

Boleh saya minta **10 tusuk sate** dibungkus? 닭꼬치 10개를 포장해 줄 수 있나요?

~을 포장해 주세요!

Tolong bungkus ~!

예문·회화 연습 듣기

🎧 MP3 146

'Tolong bungkus ~!'는 포장을 요청할 때 쓰는 표현입니다. 겸양 표현인 **tolong**(도와주다, 해 주세요)과 **bungkus** (포장하다)를 결합하여 '~ 포장해 주세요'라는 의미를 나타냅니다. 뒤에는 포장할 음식/메뉴와 수량이 위치합니다.

패턴 구조 Tolong bungkus + 음식 + 수량! ~을 포장해 주세요!

Tolong bungkus **rendang 1!** 른당 1(인분)을 포장해 주세요!

Tolong bungkus **nasi goreng 2!** 나시고렝 2(인분)를 포장해 주세요!

Tolong bungkus **mi goreng 3 dan rendang 4!** 미고렝 3과 른당 4(인분)를 포장해 주세요!

Tolong bungkus **mi ayam 3 dan teh manis 3!** 미아얌 3(인분)과 떼마니스 3개를 포장해 주세요!

회화 연습

A: Mas. Tolong bungkus rendang 1!

B: Iya. Ada lagi?

A: Tolong bungkus teh manis 1 juga!

B: Totalnya tiga puluh lima ribu rupiah.

A: 여기요. 른당 1(인분)을 포장해 주세요!

B: 네. 더 있으세요?

A: 떼마니스도 한 개 포장해 주세요!

B: 총 3만 5천 루피아예요.

선생님 한마디

tanpa는 '~ 없이'라는 뜻이지만, 'Tolong bungkus ~ tanpa ~!'의 경우에는 음식에서 특정 재료/음식을 빼고 포장해 달라는 의미를 나타냅니다.

새단어

bungkus (= membungkus) 포장하다
mi 미 (국수, 면)
mi ayam 미아얌 (닭 국수)
total 총, 전체의 수
tanpa ~ 없이, ~을 빼고
kuah 육수, 국물
kerupuk (밥에 곁들이는) 칩스

응용 패턴

Tolong bungkus + 메뉴/음식 이름 + tanpa + 명사! : (음식)에서 ~을 빼고 포장해 주세요! *

Tolong bungkus **mi ayam 2** tanpa **kuah!** 미아얌 2(인분)에서 육수를 빼고 포장해 주세요!

Tolong bungkus **nasi goreng 1** tanpa **kerupuk!** 나시고렝 1(인분)에서 칩스를 빼고 포장해 주세요!

Pattern 6

(제가) ~으로 계산해도 될까요?

Boleh (saya) membayar dengan ~?

🎧 MP3 147

'Boleh saya membayar dengan ~?'은 계산 방법에 대해 물어보는 표현입니다. 'boleh saya ~?'(제가 ~해도 될까요?)와 'membayar dengan ~(~으로 지불하다)'을 결합하여 '제가 ~으로 계산해도 될까요?'의 의미를 나타냅니다. 뒤에 계산 방법의 명사가 위치합니다. saya는 일상생활에서 생략 가능합니다.

• 패턴 구조 • Boleh (saya) membayar dengan + 명사? (제가) ~으로 계산해도 될까요?

Boleh saya membayar dengan **kartu**?	제가 카드로 계산해도 될까요?
Boleh saya membayar dengan **kartu kredit**?	제가 신용카드로 계산해도 될까요?
Boleh membayar dengan **uang tunai**?	(제가) 현금으로 계산해도 될까요?
Boleh membayar dengan **dolar**?	(제가) 달러로 계산해도 될까요?

• 회화 연습 •

A: Boleh saya membayar dengan uang tunai?
B: Iya, boleh.
   Ini kembaliannya.
A: Ambil saja kembaliannya.

A: 제가 현금으로 계산해도 될까요?
B: 네, 가능합니다.
   거스름돈 여기 있습니다.
A: 거스름돈은 괜찮습니다.

• 선생님 한마디 •

boleh 대신 '~할 것이다'의 뜻을 가진 조동사 mau를 넣으면, 어떤 방법으로 계산을 하겠다는 의지를 나타내는 의미가 됩니다.

• 새단어 •

boleh ~해도 돼요?
dengan ~로
kartu 카드
uang tunai 현금
dolar 달러
membayar 계산하다
ambil 가져가다
kembalian 거스름돈
voucer 기프티콘
dompet digital 모바일 페이

• 응용 패턴 •

Saya mau membayar dengan + 명사 : 제가 ~으로 계산할게요*

Saya mau membayar dengan **voucer**.   제가 기프티콘으로 계산할게요.
Saya mau membayar dengan **dompet digital**.   제가 모바일 페이로 계산할게요.

19장

호텔에서

해외여행 시 필수 표현 중 하나는 호텔 체크인/아웃 표현입니다. 방 예약부터 서비스 시설 문의 등 다양한 표현을 학습해 보세요.

~ 빈 방 있어요?

Ada kamar kosong untuk ~?

🎧 MP3 148

빈 방이 있는지에 대해 물어볼 때 사용하는 표현입니다. ada(있다), kamar kosong(빈 방), untuk(~을 위해)이 결합하여 '~ 빈 방 있어요?'의 의미를 나타냅니다. 뒤에는 원하는 날짜의 시점 또는 인원수가 위치합니다.

· 패턴 구조 ·

Ada kamar kosong untuk + 시점?	~에 빈 방 있어요?
Ada kamar kosong untuk + 인원수?	~명 (숙박 가능한) 빈 방 있어요?

Ada kamar kosong untuk **malam ini?**　　　오늘 저녁 빈 방 있어요?

Ada kamar kosong untuk **hari Rabu?**　　　수요일에 빈 방 있어요?

Ada kamar kosong untuk **2 orang?**　　　2명 (숙박 가능한) 빈 방 있어요?

Ada kamar kosong untuk **2 dewasa dan 3 anak kecil?**　　　성인 2명과 어린이 3명 (숙박 가능한) 빈 방 있어요?

· 회화 연습 ·

A: Ada kamar kosong untuk besok malam?

B: Untuk berapa orang?

A: Untuk 2 orang.

B: Ya, ada.

A: 내일 저녁 빈 방 있어요?

B: 몇 명이세요?

A: 2명이에요.

B: 네, 있어요.

· 선생님 한 마디 ·

untuk은 '~을 위해'의 뜻이지만 어떤 행위의 목적을 밝힐 때도 쓰이기 때문에 '사용할 목적으로'라고 해석할 수도 있습니다.

例 ~ untuk malam ini
　오늘 저녁에 사용할 목적으로 ~

· 새 단어 ·

malam ini 오늘 저녁/밤
anak kecil 어린이
besok malam 내일 밤,
　　　　　　내일 저녁

· 응용 패턴 ·

　　Ada kamar kosong untuk A hari B malam? : B박 A일 숙박 가능한 방이 있나요?

Ada kamar kosong untuk 2 hari 1 malam?　　　1박 2일 숙박 가능한 방이 있나요?

Ada kamar kosong untuk 4 hari 3 malam?　　　3박 4일 숙박 가능한 방이 있나요?

~ 방을 원해요

mau kamar ~

예문·회화 연습 듣기

🎧 MP3 149

원하는 방 종류를 말할 때 쓰는 표현입니다. mau(원하다)와 kamar(방)이 결합되어 '~ 방을 원해요'라는 의미를 나타냅니다. 인도네시아 호텔에서는 방 종류를 영어로 표현하기 때문에 그대로 single, double, twin 등을 쓰면 됩니다.

· 패턴 구조 ·	mau kamar + 방 종류	~ 방을 원해요
	mau kamar + untuk + 인원수	~인실을 원해요

Saya mau kamar *twin*.	저는 트윈룸을 원합니다.
Saya mau kamar *double*.	저는 더블룸을 원합니다.
Saya mau kamar untuk **1** orang.	저는 1인실을 원합니다.
Saya mau kamar untuk **2** orang.	저는 2인실을 원합니다.

· 회화 연습 ·

· 새 단 어 ·

bak mandi 욕조
balkon 발코니

A: Selamat pagi. Ada yang bisa dibantu?

B: Saya mau kamar *double*.

A: Maaf, hanya ada kamar *twin*.

B: Iya, tidak apa-apa. Itu saja.

A: 좋은 아침입니다. 어떻게 도와드릴까요?

B: 저는 더블룸을 원해요.

A: 죄송합니다, 트윈룸만 있어요.

B: 네, 괜찮아요. 그것으로 주세요.

· 응용 패턴 ·

Saya mau kamar dengan + 시설 : 저는 ~가 있는 방을 원해요

Saya mau kamar dengan **bak mandi**.

저는 욕조가 있는 방을 원해요.

Saya mau kamar dengan **balkon**.

저는 발코니가 있는 방을 원해요.

~ 숙박하고 싶어요
# mau menginap ~

예문·회화 연습 듣기

🎧 MP3 150

숙박 기간을 말할 때 쓰는 표현입니다. 'mau menginap'은 '숙박하고 싶다'의 뜻으로, 숙박 시작일은 뒤에 '전치사 dari + 시작일'을 붙이고, 숙박 종료일은 뒤에 '전치사 sampai + 종료일' 붙여서 표현합니다.

| · 패턴 구조 · | mau menginap dari + 시점 | ~부터 숙박하고 싶어요 |
| | mau menginap sampai + 시점 | ~까지 숙박하고 싶어요 |

Saya mau menginap dari **hari Jumat**.   저는 금요일부터 숙박하고 싶어요.

Saya mau menginap dari **tanggal 25 Desember**.   저는 12월 25일부터 숙박하고 싶어요.

Saya mau menginap sampai **minggu depan**.   저는 다음 주까지 숙박하고 싶어요.

Saya mau menginap dari **hari Jumat** sampai **hari Minggu**.   저는 금요일부터 일요일까지 숙박하고 싶어요.

· 회화 연습 ·

A: Halo. Dengan Hotel Jakarta.

B: Halo. Ada kamar kosong untuk minggu depan?

A: Dari hari apa?

B: Saya mau menginap dari hari Jumat sampai hari Minggu.

A: 여보세요. 자카르타 호텔입니다.

B: 여보세요. 다음 주 빈 방 있나요?

A: 무슨 요일부터인가요?

B: 저는 금요일부터 일요일까지 숙박하고 싶어요.

· 선 생 님 한 마 디 ·

호텔 및 숙소 예약 시, '2박 3일'은 'untuk 2 malam (2박 동안)'으로 표현합니다.

· 새 단 어 ·

hari Minggu 일요일

· 응용 패턴 ·

Saya mau menginap untuk ~ : 저는 ~ 동안 숙박하고 싶어요*

Saya mau menginap untuk **2 malam**.   저는 2박 (3일) 동안 숙박하고 싶어요.

Saya mau menginap untuk **5 malam**.   저는 5박 (6일) 동안 숙박하고 싶어요.

Pattern

4

~의 이름으로 예약할게요

mau memesan atas nama ~

예문·회화 연습 듣기

🎧 MP3 151

예약자 이름을 말할 때 쓰는 표현입니다. 'saya mau memesan(나는 예약하고 싶다)'과 'atas nama(~의 이름으로)'를 결합하여 '~의 이름으로 예약할게요'라는 의미를 나타냅니다. 뒤에 예약자 명을 위치시킵니다.

· 패턴 구조 ·   mau memesan atas nama + 이름   ~의 이름으로 예약할게요

Saya mau memesan atas nama Budi.	저는 부디라는 이름으로 예약할게요.
Saya mau memesan atas nama PT Chosun.	저는 조선 주식회사의 이름으로 예약할게요.
Saya mau memesan atas nama Chosun Group.	저는 조선 그룹의 이름으로 예약할게요.
Saya mau memesan atas nama teman saya, Chul Soo.	저는 제 친구인 김철수의 이름으로 예약할게요.

· 회화 연습 ·

A: Halo. Dengan Hotel Jakarta.

B: Ada kamar kosong untuk 2 malam?

A: Ya, ada. Mau pesan atas nama siapa?

B: Saya mau memesan atas nama Kim Chul Soo.

A: 여보세요. 자카르타 호텔입니다.

B: 이틀 숙박 가능한 빈 방이 있나요?

A: 네, 있어요. 누구의 이름으로 예약할까요?

B: 저는 김철수라는 이름으로 예약할게요.

· 선생님 한마디 ·

'saya mau memesan'은 '나는 예약하고 싶다'의 뜻으로, 호텔뿐만 아니라 음식점이나 여행사 등에서도 다양하게 사용할 수 있습니다.

1. 'mau memesan atas nama'에서 '~할 것이다'의 뜻을 가진 mau를 빼면 '~의 이름으로 예약했다'라는 의미가 됩니다.

· 응용 패턴 ·

memesan atas nama + 이름 : ~의 이름으로 예약했어요*

Saya memesan atas nama Budi.	저는 부디라는 이름으로 예약했어요.
Saya memesan atas nama PT Chosun.	저는 조선 주식회사의 이름으로 예약했어요.

Pattern 5

~ 서비스가 있나요?

Anda punya layanan ~?

예문·회화 연습 듣기

🎧 MP3 152

어떤 서비스가 있는지 물어볼 때 쓰는 표현입니다. 'punya layanan?'은 punya(가지다, have)와 layanan(서비스)를 결합하여 '서비스가 있나요?'라는 의미를 나타냅니다. 뒤에는 원하는 서비스가 위치합니다. 이때, Anda(당신)는 해석에서 어색하기 때문에 생략되어 해석됩니다.

· 패턴 구조 · Anda punya layanan + 서비스?	~ 서비스가 있나요?
Anda punya layanan **penatu**?	세탁 서비스가 있나요?
Anda punya layanan **penukaran uang**?	환전 서비스가 있나요?
Anda punya layanan **antar jemput bandara**?	공항 픽업 서비스가 있나요?
Anda punya layanan *wake-up call*?	모닝콜 서비스가 있나요?

· 회화 연습 ·

A: Permisi, saya mau bertanya.

B: Iya, silakan.

A: Anda punya layanan penatu?

A: Ya. Akan saya daftarkan.

A: 실례지만, 물어볼 게 있어요.

B: 네, 말씀하세요.

A: 세탁 서비스가 있나요?

B: 네, 신청해 드리겠습니다.

· 새 단어 ·

penatu 세탁
penukaran uang 환전
antar jemput bandara
공항 픽업
wake-up call 모닝콜

· 응용 패턴 ·

Anda menyediakan layanan ~? : ~를 제공하나요?

Anda menyediakan layanan **antar jemput bandara**? 공항 픽업 서비스를 제공하나요?

Anda menyediakan layanan **panduan wisata**? 관광 안내 서비스를 제공하나요?

~의 가격은 하루에 얼마예요?

Berapa harga ~ per malam?

예문·회화 연습 듣기

🎧 MP3 153

사용 가격을 물어볼 때 쓰는 표현입니다. 'berapa harga?(가격이 얼마예요?)'와 'per malam(1박에, 하루에)'이 결합하여, '가격은 하루에 얼마예요?'라는 의미로 해석할 수 있습니다.

· 패턴 구조 · Berapa harga + 방/서비스 + per malam? ~의 가격은 하루에 얼마예요?

Berapa harga **kamar** per malam? 　　　　　　　방의 가격은 하루에 얼마예요?

Berapa harga **kasur tambahan** per malam? 　　추가 침대의 가격은 하루에 얼마예요?

Berapa harga **kamar untuk 4 orang** per malam? 4인실 방의 가격은 하루에 얼마예요?

Berapa harga **bungalo dengan bak mandi** 　　욕조가 있는 방갈로의 가격은 하루에

per malam? 　　　　　　　　　　　　　　　　　얼마예요?

· 회화 연습 ·

A: Berapa harga bungalo per malam?

B: Harganya 3 juta rupiah.

A: Lalu berapa harga kasur tambahan per malam?

B: Harganya 250 ribu rupiah.

A: 빌라 룸 가격은 하루에 얼마예요?

B: 300만 루피아예요.

A: 그리고 추가 침대 가격은 하루에 얼마예요?

B: 25만 루피아예요.

· 선생님 한마디 ·

per 앞에는 명사가 위치하며, '명사 당' 또는 '명사 하나에'를 뜻합니다.

예 per orang : 1인당
　 per malam : 1박에 (하루에)

· 새단어 ·

kasur tambahan 추가 매트
bungalo 방갈로
biaya 비용
sewa 임대, 대여

· 응용 패턴 ·

Berapa biaya + 시설/서비스? : ~의 비용은 얼마예요?

Berapa biaya **antar jemput bandara**? 　　공항 셔틀의 비용은 얼마예요?

Berapa biaya **sewa ruang rapat**? 　　　　회의실 대여 비용은 얼마예요?

20장

병원과 약국에서

해외여행 시 필수 표현 중 하나는 병원 또는 약국에서 사용할
수 있는 표현입니다. 여행 중 아프거나 다쳤을 때, 진료를 받거
나 약을 살 때 필요한 필수 표현들을 학습해 보세요.

저는 ~에 걸렸어요

Saya sedang ~

예문·회화 연습 듣기

🎧 MP3 154

sedang은 현재 어떠한 상태나 행위가 지속되고 있다는 것을 의미합니다. Saya sedang은 화자가 현재 어떤 병에 걸렸는지 또는 어떤 증상, 통증 등이 있다고 말할 때 사용하는 표현입니다. 뒤에 '질병'이나 '증상'이 위치합니다.

· 패턴 구조 ·   Saya sedang + 질병   저는 ~에 걸렸어요
                  Saya sedang + 증상   저는 ~해요/했어요

Saya sedang **pilek.**   저는 코감기에 걸렸어요.

Saya sedang **demam.**   저는 열이 나요.

Saya sedang **pusing.**   저는 어지러워요.

Saya sedang **sakit gigi.**   저는 치통이 있어요.

· 회화 연습 ·

A: Kenapa tidak masuk kantor?

B: Saya sedang demam.

A: Oh, mungkin kamu masuk angin.

A: Sepertinya begitu.

A: 출근 왜 안 해요?

B: 저는 열이 있어요.

A: 아, 냉방병에 걸렸나 봐요.

B: 그런 것 같아요.

선생님 한마디

sedang은 아픈 증상이나 질병을 말할 때만 쓰는 것뿐만 아니라 어떤 행위나 상태가 계속 지속된다는 것을 말할 때도 씁니다.
106p. 참고

새 단어

pilek 코감기(에 걸리다)
demam 열(이 나다)
sakit gigi 치통(이 있다)
masuk angin 냉방병에 걸리다, 감기에 걸리다
radang tenggorokan 인후염
demam berdarah 뎅기열

· 응용 패턴 ·

> Saya sedang + 질병/증상 + sejak + 시간 : 저는 ~부터 ~에 걸렸어요/해요/했어요

Saya sedang **radang tenggorokan** sejak kemarin.   저는 어제부터 인후염에 걸렸어요.

Saya sedang **demam berdarah** sejak minggu lalu.   저는 지난주부터 뎅기열에 걸렸어요.

Pattern 2

~(통증)이 있어요

sakit ~

🎧 MP3 155

sakit은 '아픈'의 뜻을 가진 형용사입니다. 어떤 통증이 있거나 아픈 부위를 말할 때 주어를 먼저 말한 후, 아픈 신체 부위를 말하면 됩니다. 이때 sakit 뒤에 오는 신체 부위는 제한적입니다.

주의 sakit 뒤에 오는 신체 부위는 kepala, gigi, perut, pinggang(허리), hati(가슴) 등 외에는 들어갈 수 없습니다.

· 패턴 구조 · sakit + 신체 부위	~(통증)이 있어요
Saya sakit kepala.	나는 두통이 있어요.
Saya sakit gigi.	나는 치통이 있어요.
Adik saya sakit perut.	내 동생은 복통이 있어요.
Ayah saya sakit jantung.	우리 아빠는 심장병이 있어요.

· 회화 연습 ·

A: Kamu kenapa?

B: Saya sakit perut.

A: Minum obat ini!

B: Terima kasih.

A: 왜 그래요?

B: 복통이 있어요.

A: 이 약을 먹어요!

B: 고마워요.

선생님 한마디

「sakit + 신체 부위」 구조 앞에 sedang을 넣으면, 어떤 통증이 진행 중이라는 의미가 됩니다.

새 단어

kepala 머리
sakit kepala 두통(이 있다)
gigi 이, 이빨, 치아
perut 배, 복
jantung 심장

· 응용 패턴 ·

> sedang sakit + 신체 부위 : (지금) ~(통증)이 있어요*

Saya sedang sakit kepala. 나는 (지금) 두통이 있어요.

Ibu sedang sakit gigi. 엄마는 (지금) 치통이 있어요.

~가 아파요

~ sakit

sakit은 아픈 신체 부위 외에 누군가가 아프다는 것을 표현할 때도 쓰입니다. 인도네시아어는 이중 주어 구조가 없기 때문에 '~의 ~가 아프다'라고 표현하고 '~은 ~가 아프다'로 해석할 수 있습니다.

· 패턴 구조 ·   주어 + sakit   ~은 ~가 아파요

Anak itu sakit.   그 아이는 아파요.

Tangan saya sakit.   저는 손이 아파요.

Kaki adik saya sakit hari ini.   오늘 내 동생은 다리가 아파요.

Lutut ayah sakit karena berolahraga.   운동을 했기 때문에 아빠는 무릎이 아파요.

· 회화 연습 ·

A: Sakit apa? *

B: Kaki saya sakit, Dokter.

A: Sejak kapan?

B: Sejak tadi pagi.

A: 어디가 아프세요?

B: 다리가 아파요, 선생님.

A: 언제부터요?

B: 오늘 아침부터요.

선생님 한 마디

'Sakit apa?'는 직역하면 '뭐가 아파요?'가 되지만 어느 곳이 아픈지를 묻는 질문으로 '어디가 아파요?'로 해석할 수 있습니다. 한국어를 그대로 직역해서 mana(어디)를 사용하여 'Sakit di mana?'라고 표현하는 경우가 많은데, mana는 '장소, 방향, 위치'를 나타내기 때문에 잘못된 표현입니다.

새 단어

tangan 손, 팔
lutut 무릎
luka 상처
nyeri 욱신거리다

· 응용 패턴 ·

주어 + nyeri : ~은 ~가 욱신거려요

Perut saya nyeri.   나는 배가 욱신거려요.

Luka di tangan saya nyeri.   나는 팔에 있는 상처가 욱신거려요.

Pattern 4

~가 부러졌어요
~ patah

예문·회화 연습 듣기

🎧 MP3 157

patah는 '부러진'의 뜻을 가진 형용사입니다. 주로 신체 부위가 부러졌다는 표현에 쓰입니다. 인도네시아어는 이중 주어 구조가 없기 때문에 '~의 ~가 부러졌다'라고 표현하고 '~은 ~가 부러졌다'로 해석할 수 있습니다.

·패턴 구조· 주어 + patah	~은 ~가 부러졌어요
Tulang saya patah.	저는 뼈가 부러졌어요.
Tangan ibu saya patah.	우리 엄마는 팔이 부러졌어요.
Tulang punggung kakek patah.	할아버지는 척추뼈가 부러졌어요.
Kaki kakak patah waktu bermain sepak bola.	형은 축구를 하다 다리가 부러졌어요.

·회화 연습·

A: Saya tidak bisa masuk kantor besok.

B: Kenapa?

A: Kaki saya patah.

B: Aduh! Istirahat saja dulu.

A: 저는 내일 출근할 수 없어요.

B: 왜요?

A: 다리가 부러졌어요.

B: 아이고! 우선 쉬어요.

선생님 한마디

patah는 뼈가 완전히 부러지거나 골절된 경우에 씁니다. 뼈에 금이 간 경우에는 patah보다 retak을 쓰는 것이 올바릅니다.

새단어

tulang punggung 척추뼈
sepak bola 축구
lengan 팔, 소매
kaki 다리
retak 금(균열)이 가다

·응용 패턴·

주어 + retak : ~은 ~에 금이 갔어요*

Lengan saya retak.   나는 팔에 금이 갔어요.

Kaki ibu saya retak.   우리 엄마는 다리에 금이 갔어요.

Pattern 5

~에 피가 났어요

~ berdarah

예문·회화 연습 듣기

🎧 MP3 158

berdarah는 '피가 나다'의 뜻을 가진 동사입니다. 주로 신체 부위에서 상처로 인해 피가 난다는 것을 표현할 때 쓰입니다. 인도네시아어는 이중 주어 구조가 없기 때문에 '~의 ~가 피가 난다'라고 표현하고 '~은 ~에 피가 난다'로 해석할 수 있습니다.

패턴 구조 주어 + berdarah	~은 ~에 피가 났어요
Tangan saya berdarah.	나는 손에 피가 났어요.
Lutut kakak berdarah.	형은 무릎에 피가 났어요.
Jari nenek berdarah waktu menjahit.	할머니는 바느질할 때 손가락에 피가 났어요.
Hidung saya berdarah karena terluka.	나는 다쳐서 코에 피가 났어요.

회화 연습

A: Kamu punya plester?

B: Ya, saya punya. Kenapa?

A: Jari saya berdarah.

B: Aduh! Kasihan!

A: 반창고 있어요?

B: 네, 있어요. 왜요?

A: 손가락에 피가 났어요.

B: 어머! 불쌍해라!

선생님 한마디

코 외부 쪽 상처로 인해 피가 났을 때는 berdarah를 사용하지만 '코피가 난다'라는 표현에는 mimisan을 씁니다. 쓰임에 주의하세요.

새 단어

jari 손가락
plester 반창고

응용 패턴

주어 + mimisan : ~은 코피가 났어요*

Saya mimisan.   나는 코피가 났어요.

Adik saya mimisan.   내 동생은 코피가 났어요.

~에 염증이 생겼어요
~ infeksi

예문·회화 연습 듣기

🎧 MP3 159

infeksi는 '염증'의 뜻으로, 어느 신체 부위에 염증이 생겼다는 것을 표현할 때 쓰입니다.

· 패턴 구조 ·	주어 + infeksi	~에 염증이 생겼어요
Lambung saya infeksi.		나는 위에 염증이 생겼어요.
Hidung bayi itu infeksi.		그 아기는 코에 염증이 생겼어요.
Telinga kakak infeksi setelah berenang.		형은 수영한 후에 귀에 염증이 생겼어요.
Luka di tangan ibu infeksi karena kotor.		깨끗하지 않아서 엄마 팔의 상처에 염증이 생겼어요.

· 회화 연습 ·

A: Kamu sakit apa?

B: Telinga saya infeksi.

A: Sudah ke dokter? *

B: Ya, sudah. Tadi pagi.

A: 어디가 아파요?

B: 귀에 염증이 생겼어요.

A: 병원에 가봤어요?

B: 네, 다녀왔어요. 아침에요.

선생님 한마디

1. '병원에 가봤어요?'라는 질문은 'Sudah ke rumah sakit?'이라고 하지 않고 'Sudah ke dokter? (의사에게 가봤어요?)'의 표현을 씁니다. 인도네시아 사람들은 아직도 아플 때 병원보다 집 근처 의사 집에서 진료를 받는 경우가 많기 때문입니다.

2. '~ infeksi'와 비슷한 표현으로 '~ terkena infeksi'가 있습니다.

새단어

lambung 위, 위장
paru-paru 폐

· 응용 패턴 ·

신체 부위 + terkena infeksi : ~에 염증이 생겼어요 **

Mata saya terkena infeksi.   나는 눈에 염증이 생겼어요.

Paru-paru bapak itu terkena infeksi.   그 아저씨는 폐에 염증이 생겼어요.

Pattern 7

~가 부었어요

~ bengkak

예문·회화 연습 듣기

🎧 MP3 160

bengkak은 '부은'의 뜻을 가진 형용사입니다. 신체 부위가 붓거나 부풀어 올랐다는 것을 표현할 때 쓰입니다. 인도네시아어는 이중 주어 구조가 없기 때문에 '~의 ~가 부었다'라고 표현하고 '~은 ~가 부었다'로 해석할 수 있습니다.

· 패턴 구조 · 주어 + bengkak   ~은 ~가 부었어요

Amandel saya bengkak.	저는 편도선이 부었어요.
Pergelangan kaki anak itu bengkak.	그 아이는 발목이 부었어요.
Mata Adinda bengkak karena menangis.	아딘다는 울어서 눈이 부었어요.
Ibu tidak bisa memasak karena tangannya bengkak.	엄마는 손이 부어서 요리할 수 없어요.

· 회화 연습 ·

A: Bagaimana, Dok?

B: Gusi Anda bengkak.

A: Saya harus apa, Dok?

B: Anda harus minum obat.

A: 선생님, 어때요?

B: 잇몸이 부었어요.

A: 어떻게 해야 하나요, 선생님?

B: 약을 드셔야 해요.

· 선생님 한마디 ·

bengkak은 살이 부풀어 올라서 부운 경우 쓰기 때문에 붓기와 상관없이 타박상이나 멍이 든 상태를 표현할 때는 memar 표현을 씁니다.

· 새 단어 ·

amandel 편도선
pergelangan kaki 발목
Dok (= dokter) 의사 선생님
　　　　　　 (호칭)
gusi 잇몸
pantat 엉덩이

· 응용 패턴 ·

주어 + memar : ~은 ~이 멍들었어요*

Lengan saya memar.	나는 팔이 멍들었어요.
Pantat anak saya memar.	우리 아이는 엉덩이가 멍들었어요.

Pattern 8

~은 컨디션이 별로 안 좋아요

~ kurang enak badan

예문·회화 연습 듣기

🎧 MP3 161

enak은 '맛있다'의 뜻이지만, 상태나 상황이 아늑하거나 편하다고 표현할 때 '편하다, 아늑하다'의 의미로도 쓰입니다. kurang enak은 별로 편하지 않거나 좋지 않은 상태를 의미하는 표현으로, 뒤에 badan(몸)을 결합시키면 '컨디션이 별로 안 좋다'로 해석할 수 있습니다.

· 패턴 구조 ·   주어 + kurang enak badan   ~은 컨디션이 별로 안 좋아요

Saya kurang enak badan.   저는 컨디션이 별로 안 좋아요.

Nenek kurang enak badan **hari ini.**   할머니는 오늘 컨디션이 별로 안 좋으세요.

Arman kurang enak badan **karena masuk angin.**

아르만은 감기에 걸려서 컨디션이 별로 안 좋아요.

Murid itu tidak masuk sekolah karena kurang enak badan.

그 학생은 컨디션이 별로 안 좋아서 학교에 갈 수 없어요.

· 회화 연습 ·

A: Linda, kemarin kamu ke mana?

B: Kemarin saya tidak masuk.

A: Kenapa?

B: Saya kurang enak badan kemarin.

A: 린다 씨, 어제 어디에 있었어요?

B: 어제 결석했어요.

A: 왜요?

B: 어제 컨디션이 별로 안 좋았어요.

· 선생님 한 마디 ·

kurang enak badan은 tidak enak badan과 같은 뜻이라고 볼 수 있습니다. 앞에 현재진행을 보여 주는 sedang을 붙여 지금 또는 그 당시의 상황을 더 강조합니다.

· 새 단어 ·

masuk sekolah 등교하다,
              출석하다,
              입학하다

· 응용 패턴 ·

주어 + sedang tidak enak badan : ~은 (지금) 컨디션이 안 좋아요

Ibu sedang tidak enak badan.   엄마는 (지금) 컨디션이 안 좋아요.

Nenek beristirahat karena sedang tidak enak badan.   할머니는 (지금) 컨디션이 안 좋아서 쉬고 계세요.

Pattern 9

나는 ~ 검사를 받고 싶어요

Saya mau periksa ~

예문·회화 연습 듣기

🎧 MP3 162

병원에서 어떤 검사를 받고 싶다고 말할 때 쓰는 표현입니다. Saya mau periksa 뒤에 어떤 검사를 받고 싶은지 밝히면 됩니다. 이 표현의 동사 periksa는 절대로 능동사 형태인 memeriksa로 바꿀 수 없습니다. mau memeriksa 는 주로 의사가 어떤 환자 또는 질병을 검사하고 싶다고 할 때 쓰는 표현이기 때문입니다.

· 패턴 구조 ·   Saya mau periksa + 명사   나는 ~ 검사를 받고 싶어요

Saya mau periksa **mata**.   나는 **눈** 검사를 받고 싶습니다.

Saya mau periksa **darah**.   나는 **피** 검사를 받고 싶습니다.

Saya mau periksa **kadar gula**.   나는 **당도** 검사를 받고 싶습니다.

Saya mau periksa **kandungan**.   나는 **임신** 검사를 받고 싶습니다.

· 회화 연습 ·

A: Ada yang bisa dibantu?

B: Saya mau periksa darah.

A: Silakan pergi ke ruang C untuk ambil darah.

B: Terima kasih.

A: 어떻게 도와드릴까요?

B: 피 검사를 받고 싶어요.

A: 채혈을 위해 C 실로 가 보세요.

B: 감사합니다.

· 선생님 한마디 ·

periksa 대신에 '확인하다'를 의미하는 cek 또는 '검사하다'를 의미하는 tes를 사용할 수도 있습니다. 이때, saya(저는)는 해석에서 어색하기 때문에 생략되어 해석됩니다.

· 새 단어 ·

darah 피, 혈액
kadar gula 당도, 혈당
kandungan 임신, 잉태
ambil darah 채혈(하다)
kolesterol 콜레스테롤

· 응용 패턴 ·

Saya mau cek + 명사 : ~ 검사를 받고 싶어요*

Saya mau cek **kolesterol**.   콜레스테롤 검사를 받고 싶어요.

Saya mau cek **kesehatan**.   건강 검진을 받고 싶어요.

Pattern 10

~ 알레르기가 있어요

punya alergi ~

🎧 MP3 163

punya alergi는 알레르기가 있다고 말할 때 사용하는 표현입니다. punya alergi 뒤에는 주로 알레르기를 유발하는 대상 또는 알레르기 반응을 보이는 신체 부위의 명사가 위치합니다.

· 패턴 구조 · punya alergi + 명사   ~ 알레르기가 있어요

Saya punya alergi debu.   저는 먼지 알레르기가 있어요.

Eva punya alergi udang sejak kecil.   에바는 어렸을 때부터 새우 알레르기가 있어요.

Dia susah makan karena punya alergi telur dan kacang.

그는 계란과 콩 알레르기가 있어서 먹는 데 어려움이 있어요.

Kami harus berhati-hati karena dia punya alergi ibuprofen.

그는 이부프로펜 알레르기가 있어서 우리는 조심해야 해요.

· 회화 연습 ·

A: Ibu punya alergi?

B: Ya, saya punya alergi telur dan kacang.

A: Ibu punya alergi obat?

B: Iya, saya punya alergi ibuprofen.

A: 여사님 알레르기 있으세요?

B: 네, 저는 계란과 콩 알레르기가 있어요.

A: 약 알레르기가 있으세요?

B: 네, 이부프로펜 알레르기가 있어요.

· 선생님 한마디 ·

정확히 알레르기를 유발하는 대상을 말해야 하는 경우에는 '~에 대하여'를 뜻하는 전치사 terhadap을 같이 씁니다.

· 새단어 ·

debu 먼지
udang 새우
telur 알, 계란
kacang (땅)콩
berhati-hati 조심하다, 주의하다
ibuprofen 이부프로펜(진통제)
bulu 털, 깃털
persik 복숭아

· 응용 패턴 ·

punya alergi terhadap + 명사 : ~ 알레르기가 있어요*

Saya punya alergi terhadap bulu kucing.   저는 고양이털 알레르기가 있어요.

Anak itu punya alergi terhadap buah persik.   그 아이는 복숭아 알레르기가 있어요.

Pattern 11

~약이 있나요?

Ada obat ~?

예문·회화 연습 듣기

🎧 MP3 164

약국에서 약이 있는지 물어볼 때 쓰는 표현입니다. 상점 등에서 어떤 물건이 있거나 판매하냐고 물어볼 때 「Ada+명사? : ~ 있어요?」 구조를 사용해서 물어볼 수 있습니다. ada 뒤에 obat(약)만 추가하면, '~약이 있나요?'라는 의미가 됩니다.

· 패턴 구조 ·　　Ada obat + 명사?　　　　　　　　　~약이 있나요?

Ada obat **flu**?　　　　　　　　　　　감기약이 있나요?

Ada obat **diare**?　　　　　　　　　　설사약이 있나요?

Ada obat **sakit kepala**?　　　　　　두통약이 있나요?

Ada obat **anti mabuk**?　　　　　　멀미약이 있나요?

· 회화 연습 ·

A: Permisi. Ada obat flu?

B: Ya, ada. Ini obatnya.

A: Ada obat sakit kepala juga?

B: Obat itu untuk flu dan sakit kepala.

A: 실례합니다. 감기약이 있나요?

B: 네, 있어요. 여기 있어요.

A: 두통약도 있나요?

B: 그 약은 감기와 두통을 위한 약이에요.

· 새 단어 ·

diare 설사
anti (무엇을) 방지하는
mabuk 멀미하다, 취하다
sakit perut 배탈, 복통
mengurangi 줄이다, 감소하다

· 응용 패턴 ·

Ada obat untuk + 명사/동사 : ~을 위한/하기 위한 약이 있나요?

Ada obat untuk **sakit perut**?　　　　　　배탈을 위한 약이 있나요?

Ada obat untuk **mengurangi berat badan**?　몸무게를 감소하기 위한 약이 있나요?

244　패턴의 법칙 인도네시아어 첫걸음

~(안)에 ~번

~ kali dalam ~

🎧 MP3 165

「숫자+kali」는 '몇 회, 몇 번'을 뜻하고 「dalam+기간」은 '어떤 기간 안에'를 의미합니다. '~ kali dalam ~'는 어떤 기간 안에 얼마나 자주 어떤 행위를 한다는 것을 의미합니다. 주로 약품을 어떻게 복용하는지에 대해 설명할 때 많이 사용하지만 다른 행동을 얼마나 자주 할 때도 사용할 수 있습니다.

· 패턴 구조 · 숫자 + kali dalam + 기간 　　　　　　~(안)에 ~번

Saya minum obat 3 kali dalam 1 hari. 　　　저는 하루에 3번 약을 먹어요.

Dia berobat 1 kali dalam 2 bulan. 　　　그는 2달에 1번 내원해요.

Ibu harus pergi ke dokter kulit 1 kali dalam 3 minggu.

엄마는 3주에 1번 피부과에 가야 해요.

Anda harus mengoleskan salep ini 2 kali dalam 1 hari.

당신은 하루에 2번 이 연고를 발라야 해요.

· 회화 연습 ·

A: Ibu harus minum obat ini 3 kali dalam sehari.

B: Kapan saya harus datang lagi?

A: Anda harus datang 1 kali dalam 2 minggu.

B: Baik, Dok.

A: 이 약을 하루에 3번 드셔야 해요.

B: 언제 또 와야 하나요?

A: 2주에 1번 오셔야 해요.

B: 알겠습니다.

· 선생님 한마디 ·

기간과 횟수를 나타내는 표현은 '기간'이 먼저 나올 수도 있습니다. '기간'이 먼저 나올 때는 'kali dalam'에서 'dalam(~에)'를 빼고 표현하면 됩니다.
시간 단위는 jam(시간), hari(일, 날), minggu(주), bulan(월), tahun(년) 등이 있습니다.

· 새단어 ·

berobat 내원하다
dokter kulit 피부과,
　　　　　　　피부과 (의사)
mengoleskan 바르다

· 응용 패턴 ·

기간 + 숫자 + kali : ~(안)에 ~번*

Saya minum obat sehari 3 kali. 　　　저는 하루에 3번 약을 먹어요.

Dia berobat 2 bulan sekali. 　　　그는 2달에 1번 내원해요.

21장

가는 길에서

해외여행 시 필수 표현 중 하나는 교통수단에 관한 표현입니다.
인도네시아의 교통과 길을 묻는 표현들을 학습해 보세요.

Pattern 1

~하려면 어떻게 해야 하나요?

Bagaimana cara ~

예문·회화 연습 듣기

🎧 MP3 166

'bagaimana cara ~?'는 '~ 어떻게 해야 하나요?'의 의미로, bagaimana(어떻다)와 cara(방법)을 결합하여 어떤 행위를 할 때 무슨 방법으로 해야 하는지에 대해 물어볼 때 쓰는 표현입니다. bagaimana cara 뒤에는 주로 행위가 위치합니다.

• 패턴 구조 • Bagaimana cara + 행위?   ~하려면 어떻게 해야 하나요?

Bagaimana cara **menyeberang jalan?**   길을 건너가려면 어떻게 해야 하나요?

Bagaimana cara **memanggil taksi?**   택시를 부르려면 어떻게 해야 하나요?

Bagaimana cara **naik bus dari sini?**   이곳에서 버스를 타려면 어떻게 해야 하나요?

Bagaimana cara **membeli tiket kereta ke bandara?**   공항에 가는 기차표를 사려면 어떻게 해야 하나요?

• 회화 연습 •

A: Maaf, boleh saya bertanya?

B: Ya, silakan.

A: **Bagaimana cara** memanggil taksi dari sini?

B: Pakai aplikasi ini saja!

A: 실례지만, 좀 여쭤봐도 되나요?

B: 네, 말씀하세요.

A: 여기서 택시를 부르려면 어떻게 해야 하나요?

B: 이 앱을 쓰세요!

새 단 어

jalan 길, 도로
menyeberang 건너가다
aplikasi 앱

• 응용 패턴 •

Bagaimana cara pergi ke ~ ? : ~에 가려면 어떻게 해야 하나요?

Bagaimana cara pergi ke **bandara?**   공항에 가려면 어떻게 해야 하나요?

Bagaimana cara pergi ke **mal dari stasiun?**   기차역에서 쇼핑몰에 가려면 어떻게 해야 하나요?

Pattern 2

~을 타고 가요

pergi naik ~

어떤 교통수단을 이용해서 간다고 말할 때 쓰는 표현입니다. naik은 교통수단을 탄다고 할 때 쓰는 동사입니다. 앞에 **pergi**(가다)를 붙여서 '~ 타고 가다'의 의미를 나타냅니다. 가는 목적지가 나오는 경우에는 그 뒤에 전치사 ke와 목적지를 위치시켜서 표현할 수 있습니다.

· 패턴 구조 ·

| pergi naik + 교통수단 | ~을 타고 가요 |
| pergi naik + 교통수단 + ke + 목적지 | ~을 타고 ~에 가요 |

Saya pergi naik mobil.	저는 차를 타고 가요.
Ibu pergi naik bus.	엄마는 버스를 타고 가요.
Ayah pergi naik taksi ke kantor.	아빠는 택시를 타고 사무실에 갔어요.
Dia pergi naik sepeda ke sekolah setiap hari.	그는 매일 자전거를 타고 학교에 가요.

· 회화 연습 ·

A: Ayah kamu pergi naik apa ke kantor?

B: Ayah saya pergi naik motor ke kantor.

A: Kalau ibu?

B: Kalau ibu, pergi naik bus ke kantor.

A: 네 아버지는 사무실에 무엇을 타고 가시니?

B: 제 아버지는 오토바이를 타고 사무실에 가세요.

A: 어머니는?

B: 어머니는 버스를 타고 사무실에 가세요.

선생님 한마디

「pergi+동사 : ~하러 가다」 구조를 응용하면, pergi와 naik 사이에 동사가 들어갈 수 있습니다.
122p. 참고

새 단어

bus 버스
motor 오토바이

· 응용 패턴 ·

pergi + 동사 + naik + 교통수단 : ~을 타고 ~하러 가요*

Saya pergi berbelanja naik mobil. 저는 차를 타고 장 보러 가요.

Anto pergi bekerja naik kereta. 안또는 기차를 타고 일하러 가요.

Pattern 3

~에서 ~까지

dari ~ sampai ~

예문·회화 연습 듣기

🎧 MP3 168

시작점과 도착점을 말할 때 쓰는 표현입니다. dari는 시작점을, sampai는 도착점을 표시하는 전치사입니다. 이 구조는 문장의 장소 부사어로 쓰기 때문에 주로 서술어 뒤에 옵니다.

· 패턴 구조 · dari + 장소 + sampai + 장소   ~에서 ~까지

Saya bersepeda dari rumah sampai sekolah.   저는 집에서 학교까지 자전거를 타요.

Kami pergi naik bus dari Gangnam sampai Hongdae.

우리는 강남에서 홍대까지 버스를 타고 갔어요.

Mereka akan berkeliling dari Seoul sampai Pulau Jeju.

그들은 서울에서 제주도까지 돌아다닐 거예요.

Dia berjalan kaki dari kantor sampai rumah setiap hari.

그는 매일 사무실에서 집까지 걸어서 가요.

· 회화 연습 ·

A: Kamu pergi ke kantor naik apa?

B: Biasanya saya bersepeda.

A: Oh, ya? Dari mana?

B: Saya bersepeda dari rumah sampai kantor.

A: 사무실에 무엇을 타고 가나요?

B: 주로 자전거를 타요.

A: 그래요? 어디서요?

B: 집에서 사무실까지 자전거를 타요.

· 선생님 한 마디 ·

'~시간이 걸려요'라는 표현으로는 「memakan waktu+시간」 구조로 표현할 수 있습니다. 여기서 '시간'은 '1시, 2시'가 아닌 '1시간, 2시간'의 시간적 의미를 나타냅니다.

· 새 단어 ·

berkeliling 돌아다니다, 여행하다
pulau 섬

· 응용 패턴 ·

Dari ~ sampai ~ memakan waktu + 시간 : ~에서 ~까지 ~ 걸려요

Dari Seoul sampai Busan memakan waktu 5 jam.   서울에서 부산까지 5시간 걸려요.

Dari Incheon sampai Jakarta memakan waktu 7 jam.   인천에서 자카르타까지 7시간 걸려요.

~행 버스를 타세요!
naik bus jurusan ~!

예문·회화 연습 듣기

♩ MP3 169

교통수단을 안내할 때 쓰는 표현입니다. 동사 naik이 문장 맨 앞에 위치함으로써 명령문을 형성합니다. jurusan(~으로 가는, ~행)을 bus 뒤에 위치시키면, 어떤 목적지로 가는 버스를 타라는 의미를 나타냅니다. bus 다음에 버스 이름이나 종류 등을 추가할 수 있습니다.

· 패턴 구조 · naik bus jurusan + 목적지!**   ~행 버스를 타세요!

Naik bus jurusan Pluit!   플루잇행 버스를 타세요!

Naik bus Transjakarta jurusan Harmoni!   하르모니행 트란스자카르타 버스를 타세요!

Silakan naik bus DAMRI jurusan Bandara Internasional Soekarno-Hatta!*

수카르노하타 국제공항행 담리 버스를 타세요!

Silakan naik bus malam jurusan Denpasar dari terminal!*

버스 터미널에서 덴파사르행 심야버스를 타세요!

· 회화 연습 ·

A: Maaf, boleh saya bertanya?

B: Ya, silakan.

A: Bagaimana cara pergi ke bandara?

B: Silakan naik bus DAMRI jurusan bandara!

A: 실례지만, 좀 여쭤봐도 되나요?

B: 네, 하세요.

A: 공항에 가려면 어떻게 해야 하나요?

B: 공항행 담리 버스를 타세요!

· 선생님 한마디 ·

1. 명령문 앞에 silakan을 붙이면 명령이 부드러워집니다. silakan은 주로 상대방에게 안내하거나 상대방이 원하는 대로 하라고 할 때 씁니다.

2. jurusan 또는 tujuan 앞에 교통수단을 바꿔서 표현할 수 있습니다.

예) ~행 버스 :
bus jurusan/tujuan ~
~행 기차 :
kereta tujuan/tujuan ~

· 새 단어 ·

bus malam 심야버스
bus DAMRI 공항 리무진

· 응용 패턴 ·

naik kereta tujuan ~! : ~행 기차를 타세요!**

Naik kereta tujuan Jakarta Kota!   자카르타 꼬따행 기차를 타세요!

Silakan naik kereta tujuan Manggarai!   망가라이행 기차를 타세요!

Pattern 5

~에서 갈아타세요!
Transfer di ~!

예문·회화 연습 듣기

🎧 MP3 170

환승 안내를 할 때 쓰는 표현입니다. 동사 transfer이 문장 맨 앞에 위치함으로써 명령문을 형성합니다. 전치사 di 뒤에 갈아타는 곳을 위치시키면 '환승 장소'를 의미합니다. 버스나 기차 노선을 갈아타는 방법에 대해 설명할 때는 목적이나 방향을 보여주는 전치사 ke와 버스 번호 또는 노선 번호를 같이 씁니다.

| · 패턴 구조 · | Transfer di + 장소! | ~에서 갈아타세요! |
| | Transfer ke + 버스(번호)/노선 + di + 장소! | ~에서 ~으로 갈아타세요! |

Transfer di **stasiun ini**!   이 역에서 갈아타세요

Transfer di **halte bus Blok M**!   블록엠 버스 정류장에서 갈아타세요

Transfer ke **bus 261** di **halte Yeouido**!   여의도 정류장에서 261번 버스로 갈아타세요

Transfer ke **MRT jalur 2** di **stasiun Gangnam**!   강남역에서 2호선으로 갈아타세요

· 회화 연습 ·

A: Bagaimana cara pergi ke Bekasi?

B: Naik kereta tujuan Bogor di stasiun Juanda!

A: Lalu bagaimana?

B: Kemudian transfer di stasiun Manggarai!

A: 브까시에 가려면 어떻게 해야 하나요?

B: 주안다역에서 보고르행 기차를 타세요!

A: 그리고 어떻게 해요?

B: 그리고 망가라이역에서 갈아타세요!

선 생 님 한 마 디

'transfer di ~' 앞에 주어가 나타나면 평서문이 됩니다.

새 단 어

halte (bus) 버스 정류장
jalur 노선, ~호선

· 응용 패턴 ·

주어 + transfer di + 장소 : ~은 ~에서 갈아타요*

Kami transfer di **Stasiun Seoul**.   우리는 서울역에서 갈아타요.

Mereka tidak transfer di **halte Yeouido**.   그들은 여의도 환승센터에서 안 갈아타요.

~에서 내리세요!

Turun di ~!

예문·회화 연습 듣기

🎧 MP3 171

버스나 기차를 어디서 내리는지 안내할 때 쓰는 표현입니다. 동사 turun이 문장 맨 앞에 위치함으로써 명령문을 형성합니다. 전치사 di 뒤에 내리는 곳을 위치시키면 '내리는 장소'를 의미합니다.

패턴 구조 Turun di + 장소!   ~에서 내리세요!

Turun di **sini**!   여기서 내리세요!

Turun di **stasiun berikutnya**!   다음 역에서 내리세요!

Turun di **halte Stasiun Seoul sebelum transfer ke MRT**!

지하철로 갈아타기 전에 서울역 환승센터에서 내리세요!

Turun di **stasiun Dongdaemun setelah transfer ke jalur 4**!

4호선으로 갈아탄 후에 동대문역에서 내리세요!

회화 연습

A: Bagaimana cara pergi ke Istana Gyeongbokgung?

B: Naik MRT jalur 5 tujuan Yeouido!

A: Turun di mana?

B: Turun di stasiun Gwanghwamun!

새 단어

berikutnya 다음의
istana 궁, 궁궐

A: 경복궁에 가려면 어떻게 해야 하나요?

B: 여의도행 5호선 지하철을 타세요!

A: 어디서 내려요?

B: 광화문역에서 내리세요!

응용 패턴

주어 + mau turun di + 장소 : ~은 ~에서 내리고 싶어요

Kami mau turun di stasiun Yeoido.   우리는 여의도역에서 내리고 싶어요.

Saya mau turun di dekat Istana Gyeongbokgung.   저는 경복궁 근처에서 내리고 싶어요.

Pattern 7

~ 출구로 나오세요/나가세요!

Keluar lewat pintu ~!

예문·회화 연습 듣기

🎧 MP3 172

역이나 건물 등의 출구를 알려줄 때 쓰는 표현입니다. 'Keluar lewat pintu ~!'는 '밖으로 나가다'의 뜻을 가진 동사 keluar가 문장 맨 앞에 위치함으로써 명령문을 형성합니다. lewat(~을 통해)과 pintu(출구)를 결합시켜 '~ 출구로 나가라'의 의미를 나타냅니다.

• 패턴 구조 • ## Keluar lewat pintu + 문 정보!　　　~ 출구로 나오세요/나가세요!

Keluar lewat pintu **3**!	3번 출구로 나오세요!
Keluar lewat pintu **utama**!	정문으로 나오세요!
Keluar lewat pintu **selatan**!	남쪽 출구로 나오세요!
Keluar lewat pintu **arah Mangga Dua**!	망가두아 방향 출구로 나오세요!

• 회화 연습 •

A: Kamu ada di mana?

B: Aku akan keluar lewat pintu selatan.

A: Jangan! Keluar lewat pintu arah Mangga Dua!

B: Oke!

A: 너 어디야?

B: 나는 남쪽 출구로 나갈 거야.

A: 안 돼! 망가두아 방향 출구로 나와!

B: 알았어!

• 선 생 님 한 마 디 •

jangan은 부정 명령을 형성할 때 쓰이는 부사로, 명령형 동사 앞에 위치합니다.

• 새 단 어 •

pintu utama 정문
selatan 남쪽
arah 방향

• 응용 패턴 •

Jangan keluar lewat pintu ~ : ~출구로 나오지 마세요*

Jangan keluar lewat pintu **timur**!	동쪽 출구로 나오지 마세요!
Jangan keluar lewat pintu **belakang**!	후문으로 나오지 마세요!

~ 방향으로 직진하세요!

Jalan lurus ke arah ~!

🎧 MP3 173

직진 방향으로 가라는 안내를 할 때 쓰는 표현입니다. '직진하다'의 뜻을 가진 동사 Jalan lurus가 문장 맨 앞에 위치함으로써 명령문을 형성합니다. jalan lurus와 ke arah(~ 방향으로)을 결합시켜 '~ 방향으로 직진하세요'라는 의미를 나타냅니다.

· 패턴 구조 · Jalan lurus ke arah + 장소!　　　　~ 방향으로 직진하세요!

Jalan lurus ke arah **utara**!　　　　　　　　북쪽 방향으로 직진하세요!

Jalan lurus ke arah **bank**!　　　　　　　　은행 방향으로 직진하세요!

Jalan lurus ke arah **stasiun Manggarai**!　　망가라이역 방향으로 직진하세요!

Jalan lurus ke arah **Mangga Dua**!　　　　망가두아 방향으로 직진하세요!

· 회화 연습 ·

A: Kantor pos ada di mana?

B: Jalan lurus ke arah apotek!

A: Lalu bagaimana?

B: Kantor pos ada di seberang apotek.

A: 우체국은 어디에 있어요?

B: 약국 방향으로 직진하세요!

A: 그리고요?

B: 우체국은 약국 건너편에 있어요.

새 단 어

utara 북쪽
bank 은행
seberang 건너편
pertigaan 삼거리

· 응용 패턴 ·

> Jalan lurus sampai ~ : ~까지 직진하세요

Jalan lurus sampai **pertigaan**!　　　　삼거리까지 직진하세요!

Jalan lurus sampai **depan salon**!　　　미용실 앞까지 직진하세요!

Pattern 9

~에서 꺾으세요!

Belok di ~!

예문·회화 연습 듣기

🎧 MP3 174

방향을 왼쪽이나 오른쪽으로 꺾으라고 안내할 때 쓰는 표현입니다. '꺾다'의 뜻을 가진 동사 belok이 문장 맨 앞에 위치함으로써 명령문을 형성합니다. belok kiri는 왼쪽으로, belok kanan은 오른쪽으로 꺾으라는 의미이기 때문에 '좌회전'과 '우회전'으로 해석할 수 있습니다.

· 패턴 구조 ·

Belok di + 장소!   ~에서 꺾으세요!
Belok kiri/kanan di + 장소!   ~에서 좌회전/우회전(하세요)!

Belok di **sana**!   저기에서 꺾으세요!

Belok di **perempatan**!   사거리에서 꺾으세요!

Belok kiri di **persimpangan**!   교차로에서 좌회전(하세요)!

Belok kanan di **depan sekolah**!   학교 앞에서 우회전(하세요)!

· 회화 연습 ·

A: Pak! Tolong belok kanan di depan!

B: Di mana? Di pertigaan?

A: Ya, tolong belok di sana!

B: Baik.

A: 기사님! 앞에서 오른쪽으로 꺾어 주세요!

B: 어디서요? 삼거리에서요?

A: 네, 저기서 꺾어 주세요!

B: 알겠어요.

선생님 한마디

tolong은 명령을 부드럽게 하기 위해 씁니다. tolong은 명령형 동사 앞에 위치합니다.

새 단어

perempatan 사거리
kiri 왼쪽, 좌
kanan 오른쪽, 우
persimpangan 교차로

· 응용 패턴 ·

> Tolong belok ke ~! : ~으로 꺾어 주세요!*

Tolong belok ke **kiri**!   왼쪽으로 꺾어 주세요!

Tolong belok ke **arah Kelapa Gading**!   끌라빠 가딩 방향으로 꺾어 주세요!

~에서 세우세요!

Berhenti di ~!

예문·회화 연습 듣기

🎧 MP3 175

'Berhenti di ~!'는 '세우다, 멈추다'의 뜻을 가진 동사 berhenti가 문장 맨 앞에 위치함으로써 명령문을 형성합니다. 전치사 di는 장소를 가리키기 때문에 '~에서 세우세요!'라는 의미를 나타냅니다.

· 패턴 구조 · Berhenti di + 장소! ~에서 세우세요!

Berhenti di **sini**!	여기에서 세우세요!
Berhenti di **perempatan**!	사거리에서 세우세요!
Berhenti di **depan bank**!	은행 앞에서 세우세요!
Berhenti di **dekat mal**!	쇼핑몰 근처에서 세우세요!

· 회화 연습 ·

A: Tolong berhenti di depan bank!

B: Baik.

A: Ini uangnya. Simpan saja kembaliannya.

B: Terima kasih.

A: 은행 앞에서 세워 주세요!

B: 알겠어요.

A: 여기 있어요. 거스름돈은 괜찮아요.

B: 감사합니다.

· 선생님 한마디 ·

'berhenti di ~' 앞에 경양 표현인 tolong을 넣으면 더 부드러운 명령문이 됩니다. 'Tolong berhenti di depan ~'은 어떤 건물 앞에서 세워 달라는 의미가 있습니다.

· 새 단어 ·

berhenti (차를) 세우다, 멈추다
di dekat 가까이, 근처에

· 응용 패턴 ·

Tolong berhenti di depan ~! : ~ 앞에서 세워 주세요!*

Tolong berhenti di depan **bioskop**! 영화관 앞에서 세워 주세요!

Tolong berhenti di depan **supermarket**! 슈퍼마켓 앞에서 세워 주세요!

부록
알짜배기

1 **tidak apa-apa** : 괜찮아요

한국어로 '감사합니다'의 답으로 '괜찮아요'라는 말을 잘 씁니다. 하지만 인도네시아어로 terima kasih(감사합니다)라는 말의 답으로는 tidak apa-apa(괜찮아요)를 쓸 수 없고 sama-sama 또는 kembali 라고 답합니다. tidak apa-apa는 maaf(미안합니다, 죄송합니다)의 답으로 씁니다.

A : Terima kasih.   감사합니다.
B : Sama-sama.   천만에요.

A : Maaf.   죄송합니다.
B : Tidak apa-apa.   괜찮아요.

2 **Bapak** *vs.* **Pak**   **Ibu** *vs.* **Bu**

Pak은 Bapak, Bu는 Ibu의 준말입니다. Bapak과 Ibu는 지위가 더 높거나 윗사람을 부를 때 쓰는 2인칭 대명사이며, 단순히 명사로서 주어, 목적어, 부사어 자리에 올 수 있고 그 외에 호사(그 사람을 부를 때 쓰이는 경우)로도 쓸 수 있습니다. 반면에 준말인 Pak과 Bu는 주어, 목적어, 부사어 등의 자리에 올 수 없고 호사로만 쓸 수 있습니다.

Bapak mau makan apa?   선생님은 무엇을 드시겠어요?   [주어로 사용하는 경우]
Pak mau makan apa?   (X)

Saya melihat Ibu tadi.   저는 아까 선생님을 봤어요.   [목적어로 사용하는 경우]
Saya melihat Bu tadi.   (X)

Bapak, apa kabar?   선생님, 잘 지내세요?   [호사로 사용하는 경우]
Pak, apa kabar?   (O)

Selamat pagi, Ibu!   선생님, 안녕하세요!   [호사로 사용하는 경우]
Selamat pagi, Bu!   (O)

③ saya *vs.* aku : 저/나 *vs.* 나

인도네시아어의 **saya**와 **aku**는 한국어의 개념과 조금 다릅니다. 표준 인도네시아어에서 **saya**는 일반적으로 초면인 사람 또는 자주 보는 사람과 이야기할 때 사용하기 때문에 '저'와 '나'를 동시에 의미합니다. 그러나 **aku**는 가족, 부부, 연인 등 매우 친한 친구 사이에서만 사용하기 때문에 '나'만을 의미합니다. 그리고 친한 남자끼리는 **aku**를 쓰지 않습니다.

Saya suka baju itu.	저/나는 그 옷을 좋아해요.	[초면인 사람, 회사 일반 동료, 친구 등]
Aku suka baju itu.	나는 그 옷을 좋아해.	[가족, 같은 부서 동료, 애인 등]

④ jam 2 *vs.* 2 jam : 2시 *vs.* 2시간

jam은 '시계, 시간, ~시' 등을 뜻하지만, 위치에 따라서 해석이 달라집니다. 숫자가 **jam** 뒤에 올 경우에는 '시각'을 뜻하고 숫자 다음에 **jam**이 오는 경우에는 수량사의 역할을 해서 '~시간'을 뜻합니다.

Saya belajar jam 2.	나는 2시에 공부했다.
Saya belajar 2 jam.	나는 2시간 동안 공부했다.

⑤ agak *vs.* sedikit : 약간 *vs.* 좀

한국어로 '약간'은 형용사와 함께 쓰이며 일상생활에서 '좀'으로 많이 표현합니다. 한국인 학습자들이 한국어 영향을 받아서 형용사를 꾸며 줄 때 '좀'을 그대로 직역하여 **sedikit**(적다)이라고 표현하는 경우가 많습니다. 그러나 인도네시아어의 **sedikit**은 '양이 적다'라는 의미에만 쓰이기 때문에 형용사를 꾸며 줄 때는 **agak**(약간, 좀)을 사용해야 합니다.

Hari ini agak panas.	오늘은 좀 더워요.
Hari ini sedikit panas.	(×)

6 2 bulan lagi *vs.* **sesudah 2 bulan** : 2개월 후 *vs.* 2개월 지나서

'2개월 후'를 표현할 때 sesudah(~인 후에)를 사용해서 'sesudah 2 bulan'으로 표현하는 경우가 많습니다. sesudah 2 bulan은 '2개월 지나서'라는 의미를 가지고 있기 때문에 '2 bulan lagi'로 표현하는 것이 올바릅니다.

2 bulan lagi   2개월 후
sesudah 2 bulan   2개월 지나서

Saya akan pergi ke Indonesia 2 bulan lagi.   2개월 후에 저는 인도네시아에 갈 겁니다.
Sesudah 2 bulan, kulit saya membaik.   2개월 지나서 제 피부는 좋아졌습니다.

7 Hari ini Minggu *vs.* **Hari ini hari Minggu** : 오늘은 일요일입니다

Minggu는 '일요일'을 뜻하지만 '오늘은 일요일입니다.'는 'Hari ini Minggu.'가 아니라 'Hari ini hari Minggu.'라고 합니다. 월요일~일요일은 '날, 일'을 뜻하는 hari와 함께 써야 정확한 '요일'을 나타낼 수 있습니다.

오늘은 일요일입니다.
Hari ini Minggu.   (X)
Hari ini hari Minggu.   (O)

8 Bulan depan Maret *vs.* **Bulan depan bulan Maret** : 다음 달은 3월입니다.

1월~12월은 '월, 달'을 뜻하는 bulan과 함께 써야 정확한 '월'을 나타낼 수 있습니다.

다음 달은 3월입니다.
Bulan depan Maret.   (X)
Bulan depan bulan Maret.   (O)

⑨ 날짜를 읽을 때

인도네시아 날짜 작성은 단순해 보여도 잘못 쓰는 경우가 많습니다. 한국에서는 '2019년 1월 1일'이라고 쓰지만, 인도네시아어에서는 '일−월−년' 순서로 써야 합니다.

오늘은 2022년 1월 1일입니다.

Hari ini tanggal 1 bulan Januari tahun 2022.   (X)

Hari ini tanggal 1 Januari 2022.   (O)

⑩ 2012년을 읽을 때

영어 영향 때문에 2012년을 읽을 때 '이십−십이'로 인식해서 'tahun dua puluh dua belas'이라고 잘못 읽는 경우가 많습니다. '1990년'을 의미하는 tahun 1990을 읽을 때는 'sembilan belas sembilan puluh'라고 표현할 수도 있지만, 2012년은 그대로 'tahun dua ribu dua belas(이천십이년)'이라고 표현해야 올바릅니다.

Tahun 2012   → tahun dua puluh dua belas   (X)

Tahun 2012   → tahun dua ribu dua belas   (O)

⑪ Kami berapat pada besok vs. Kami berapat besok
: 우리는 내일 회의합니다

시간에 관련된 전치사는 pada이지만, kemarin(어제)과 besok(내일) 앞에는 pada가 위치할 수 없습니다. (pada와 함께 쓸 수 있는 시간 관련 단어 : 36p. 참고)

우리는 내일 회의합니다.

Kami berapat pada besok.   (X)

Kami berapat besok.   (O)

우리는 어제 회의했습니다.

Kami berapat pada kemarin.   (X)

Kami berapat kemarin.   (O)

기초 단어

■ 숫자(기수) Angka

0	nol	29	dua puluh sembilan
1	satu	30	tiga puluh
2	dua	31	tiga puluh satu
3	tiga	32	tiga puluh dua
4	empat	33	tiga puluh tiga
5	lima	34	tiga puluh empat
6	enam	35	tiga puluh lima
7	tujuh	40	empat puluh
8	delapan	50	lima puluh
9	sembilan	60	enam puluh
10	sepuluh	70	tujuh puluh
11	sebelas	80	delapan puluh
12	dua belas	90	sembilan puluh
13	tiga belas	100	seratus
14	empat belas	200	dua ratus
15	lima belas	300	tiga ratus
16	enam belas	400	empat ratus
17	tujuh belas	500	lima ratus
18	delapan belas	600	enam ratus
19	sembilan belas	700	tujuh ratus
20	dua puluh	800	delapan ratus
21	dua puluh satu	900	sembilan ratus
22	dua puluh dua	1천	seribu
23	dua puluh tiga	1만	sepuluh ribu
24	dua puluh empat	10만	seratus ribu
25	dua puluh lima	100만	sejuta
26	dua puluh enam	1,000만	sepuluh juta
27	dua puluh tujuh	1억	seratus juta
28	dua puluh delapan	10억	satu miliar

■ 숫자(서수) Urutan

첫 번째	pertama, kesatu	여섯 번째	keenam
두 번째	kedua	일곱 번째	ketujuh
세 번째	ketiga	여덟 번째	kedelapan
네 번째	keempat	아홉 번째	kesembilan
다섯 번째	kelima	열 번째	kesepuluh

■ 요일 Hari

월요일	화요일	수요일	목요일	금요일	토요일	일요일
Senin	Selasa	Rabu	Kamis	Jumat	Sabtu	Minggu

■ 월 Bulan

1월	Januari	7월	Juli
2월	Februari	8월	Agustus
3월	Maret	9월	September
4월	April	10월	Oktober
5월	Mei	11월	November
6월	Juni	12월	Desember

■ 기간 Waktu

그저께	kemarin dulu	주말	akhir minggu
어제	kemarin	이번 주	minggu ini
오늘	hari ini	다음 주	minggu depan
내일	besok	지난달	bulan lalu
내일모레	besok lusa	이번 달	bulan ini
하루 종일	seharian	다음 달	bulan depan
매일	setiap hari	월	bulan
낮	siang	년	tahun
밤	malam	올해	tahun ini
주	minggu	작년	tahun lalu

기초 단어

■ 직급 Jabatan

사장	direktur	매니저	manajer
직원	karyawan, pegawai	과장	kepala departemen
대리	asisten manajer	아르바이트생	pekerja sambilan

■ 전공 Jurusan

경제학과	jurusan Ekonomi	관광학과	jurusan Pariwisata
경영학과	jurusan Administrasi Bisnis	회계학과	jurusan Akuntansi
무역학과	jurusan Perdagangan	영문과	jurusan Sastra Inggris

■ 가족 Keluarga

할아버지	kakek	남편	suami
할머니	nenek	부인	istri
아버지	ayah, bapak	부부	pasangan suami istri
어머니	ibu	부모	orang tua
나	saya	형제자매	kakak adik
고모, 숙모	bibi	오빠, 형	kakak
조카	keponakan	남동생	adik laki-laki
손녀	cucu	여동생	adik perempuan
자녀	anak	언니, 누나	kakak perempuan
큰아버지	paman	장인, 시부모	mertua
삼촌, 작은아버지	paman	사위, 며느리	menantu
사촌	sepupu	장남, 장녀	anak sulung
사촌 손위	kakak sepupu	막내	anak bungsu
사촌 손아래	adik sepupu	외동	anak tunggal

■ 성격 Sifat

참을성이 없는	tidak sabar	무서운	penakut
인내심이 강한	sabar	소심한	malu
게으른	malas	쾌활한, 활기찬	riang
신중한	berhati-hati	까칠한	kasar

다정다감한	hangat, bersahabat	정직한	jujur
열정적인	bersemangat	활동적인	aktif
착하다	baik hati	수다스럽다	cerewet
좋다	baik	무뚝뚝하다	diam
영리한, 총명한	pintar, pandai	불친절한, 차가운	dingin
부드러운	lembut	엄격한, 사나운	galak
겸손한	rendah hati	건방지다, 거만한	sombong

■ 장소 Tempat Umum

병원	rumah sakit	은행	bank
회사	kantor	공원	taman
공장	pabrik	경찰서, 파출소	kantor polisi
서점	toko buku	우체국	kantor pos
상점	toko	호텔	hotel
시장	pasar	교회	gereja
대사관	kedutaan besar	사원, 절	kuil, wihara, pura
학교	sekolah	공항	bandara
대학교	universitas	버스 터미널	terminal
도서관	perpustakaan	버스 정류장	halte bus
레스토랑, 음식점	restoran	역	stasiun
식당	rumah makan	박물관	museum
매점, 포장마차	warung	미술관	galeri
구내식당	kantin	약국	apotek
카페	kafe	쇼핑몰	mal
화장실	toilet, kamar kecil	슈퍼마켓	supermarket
집	rumah	영화관	bioskop

■ 취미 Hobi

운동하다	berolahraga	쇼핑하다	berbelanja
독서하다	membaca buku	낮잠 자다	tidur siang
여행 가다	berwisata	TV 보다	menonton televisi

요리하다	memasak	인터넷 하다	bermain internet
산책하다	berjalan-jalan	축구하다	bermain sepak bola
드라이브하다	berjalan-jalan dengan mobil	농구하다	bermain basket
자전거를 타다	bersepeda	야구하다	bermain kasti
음악 듣다	mendengarkan musik	노래 부르다	menyanyi
사진 찍다	memotret	춤추다	menari
영화 보다	menonton film	등산가다	naik gunung

■ 색깔 Warna

빨간색	merah	보라색	ungu
노란색	kuning	회색	abu-abu
파란색	biru	주황색	oranye
초록색	hijau	갈색	cokelat
분홍색	merah muda	자주색	nila
검은색	hitam	은색	perak
흰색	putih	금색	emas

■ 날씨 Cuaca

봄	musim semi	태풍	angin topan
여름	musim panas	천둥	petir
가을	musim gugur	번개	kilat
겨울	musim dingin	습한	lembap
우기	musim hujan	건조한	kering
건기	musim kemarau	날씨가 좋은	bagus
눈 오는	bersalju	바람이 불다	berangin
비 오는	turun hujan	구름이 끼다	berawan
덥다	panas	흐리다	mendung
춥다	dingin	안개가 끼다	berkabut
따뜻하다	hangat	비가 그치다	hujan berhenti
시원하다	sejuk	눈이 그치다	salju berhenti

| 맑다 | cerah | 날씨가 나쁜 | cuaca buruk |

■ 위치 Posisi

위	atas	오른쪽	kanan
아래	bawah	왼쪽	kiri
안에	dalam	동쪽	timur
밖	luar	서쪽	barat
옆에	sebelah	남쪽	selatan
사이, 간격	antara	북쪽	utara
앞	depan	가까이	dekat
뒤	belakang	멀리	jauh
가운데, 중앙	tengah	건너편	seberang

■ 교통수단 Kendaraan

지하철	kereta bawah tanah, MRT	비행기	pesawat
버스	bus	배	kapal
택시	taksi	오토바이	motor
자동차	mobil	자전거	sepeda

■ 맛 Rasa

비리다	amis	싱겁다, 밍밍하다	hambar
시다	asam	달다	manis
짜다	asin	쓰다	pahit
느끼하다, 기름기가 있다	berminyak	맵다	pedas
맛있다	enak	떫다	sepat
맛없다	tidak enak	아무 맛도 안 나다	tawar
감칠맛이 나다	gurih	아리다, 얼얼하다	getir

■ 음식 Makanan

| 계란 | telur | 닭고기 구이 | ayam bakar |

두부	tahu	닭튀김	ayam goreng
뗌뻬 (발효시킨 콩)	tempe	치킨	ayam goreng tepung
른당 (장조림과 비슷함)	rendang	오징어볶음	cumi goreng
볶음밥	nasi goreng	모닝글로리, 공심채 볶음	tumis kangkung
볶음면	mi goreng	미트볼	bakso
볶음 쌀국수	bihun goreng	미트볼 면	mi bakso
닭죽	bubur ayam	만두	pangsit
닭고기 면	mi ayam	튀김만두	pangsit goreng
닭꼬치	sate ayam	소갈비	iga sapi
양꼬치	sate kambing	빵	roti
돼지 꼬치	sate babi	쇠고기 빵	roti daging
생선구이	ikan panggang	치즈 빵	roti keju
숯불 생선구이	ikan bakar	초콜릿 빵	roti coklat

- 음료 Minuman

커피	kopi	탄산 우유	soda susu
달콤한 홍차	teh manis	밀크커피	kopi susu
차가운 달콤한 홍차	es teh manis	밀크티	teh susu
무설탕 홍차	teh tawar	주스	jus
우유	susu	오렌지 주스	jus jeruk

- 과일 Buah

사과	apel	용안	lengkeng
포도	anggur	감	kesemek
아보카도	alpukat	망고스틴	manggis
용과일	buah naga	망고	mangga
두꾸	duku	멜론	melon
두리안	durian	파인애플	nanas
구아바	jambu	파파야	pepaya
로즈애플	jambu air	복숭아	persik

귤	jeruk	배	pir
포멜로	jeruk bali	바나나	pisang
감귤	jeruk mandarin	람부탄	rambutan
라임	jeruk nipis	스네이크 후르츠	salak
코코넛	kelapa	수박	semangka

■ 야채 Sayur

토마토	tomat	감자	kentang
고추	cabai	고구마	ubi
피망, 파프리카	paprika	당근	wortel
오이	timun	콩	kacang
가지	terung	땅콩	kacang tanah
브로콜리	brokoli	팥	kacang merah
공심채	kangkung	마늘	bawang putih
채심	sawi hijau, caesim	적 양파	bawang merah
양배추	sawi putih	양파	bawang bombai
청경채	pakcoy	파	daun bawang
무	lobak	홀리 바질 잎	daun kemangi
버섯	jamur	귤잎	daun jeruk
옥수수	jagung	부추	daun kucai

■ 의류 Pakaian

바지	celana	재킷	jas
청바지	jin	러닝셔츠	singlet
반바지	celana pendek	가운	kimono
팬티	celana dalam	점퍼, 바람막이	jaket
브래지어	beha, kutang	코트, 외투	mantel
치마, 스커트	rok	숄	syal
미니스커트	rok mini	넥타이	dasi
블라우스	blus	벨트, 허리띠	ikat pinggang

와이셔츠	kemeja	모자	topi
드레스	gaun	장갑	sarung tangan
원피스	terusan	양말	kaus kaki

■ 줄임 표현 Singkatan

원어	줄임 표현	뜻
Pendidikan Anak Usia Dini	PAUD	어린이집
Taman Kanak-Kanak	TK	유치원
Sekolah Dasar	SD	초등학교
Sekolah Menengah Pertama	SMP	중학교
Sekolah Menengah Atas	SMA	고등학교
Diploma Tiga	D-3	3년제 대학
Strata Satu	S-1	학사(급)
Strata Dua	S-2	석사(급)
Strata Tiga	S-3	박사(급)
Perseroan Terbatas	PT	주식회사
Rumah Sakit	RS	병원
Kartu Izin Tinggal Terbatas	KITAS	외국인 등록증
Kartu Izin Tinggal Tetap	KITAP	외국인 등록증 (영주권)
Kartu Tanda Penduduk	KTP	신분증 (내국인)
Nomor Pokok Wajib Pajak	NPWP	납세자 번호
Badan Penyelenggara Jaminan Sosial	BPJS	사회보장제도
Praja Muda Karana	pramuka	보이/걸스카우트
Pusat Kesehatan Masyarakat	puskesmas	보건소
Kementerian Luar Negeri	Kemenlu	외교부
Kementerian Hukum dan Hak Asasi Manusia	Kemenkumham	법무부
Kedutaan Besar	kedubes	대사관